アベノミクスに騙されるな！

嘘だらけの経済報道

山田順
Yamada Jun

文芸社

はじめに

2016年の正月は、アベノミクスが始まってから迎えた4度目の正月だった。言うまでもなく、アベノミクスは安倍晋三首相が打ち出した日本経済の再生を目的とした経済政策だが、はたして今日までその成果は上がったのだろうか?

私は横浜在住なので、暮れから正月にかけて、中華街、元町、みなとみらいなどに出かけたが、例年と比べて人の出は驚くほど少なかった。明らかに日本の景気はよくない。そう感じた2016年の正月だった。

それなのに、多くのメディアは、この現実を伝えない。メディアはこの3年間、年頭に当たって「今年はアベノミクスの真価が問われる年になる」と言い続けてきた。しかし、本当に真価を問いただし、それを検証したメディアはどれほどあっただろうか?

2015年1月12日、政府は2015年度の経済見通しを閣議了承を経て発表した。それによると、GDP成長率は、物価変動の影響を除いた実質で1・5%程度、景気実感に近いとされる名目で2・7%程度のプラスとなっていた。実質GDP成長率1・5%。これは、アベノミクスの当初の政策目標「実質2%、名目3%」を下回っていたが、それでも「プラス成長」は見込んでいた。

しかし、その結果はどうだったろうか？

2015年は1―3月期こそ実質GDP成長率でプラスとなったものの、その後の4―6月期はマイナス、7―9月期も速報値でマイナスを記録。年間をとおしても経済成長の実力を示す潜在成長率のプラス0・5%を下回ってしまった。実質GDP成長率は2014年もマイナス0・1%を記録しているから、日本経済は2014年、2015年と2年間にわたって、まったく成長していないのだ。一般的にGDP成長率でマイナスを記録すると、「リセッション」(不況)とされる。つまり、いまや日本経済は出口の見えない不況のまっ只中にある。アベノミクスは日本経済を再生させるどころか、悪化させてしまったのである。

簡単な話、自由な資本主義市場においては、政府がよけいなことをすればするほど経済は悪化する。大胆な金融緩和とか、バラまきとか、そんなものは一時的なカンフル剤にすぎず、最終的には実体経済を悪くする方向に向かう。

それなのに、なぜメディアは「アベノミクスは失敗だった」と言わないのだろうか？ また、多くの国民がアベノミクスによって経済は再生するというシナリオにいまだにすがり続けているのだろうか？

それは、記者クラブを通した政府とメディアの馴れ合いが、この国の情報空間を歪めているからだろう。

アベノミクスとは、政府とメディアが合体してつくり出した〝経済洗脳〟である。もっと端的に言えば〝国家詐欺〟（それが意図したものであるかどうかは別として）である。この詐欺にメディアが乗ったため、私たちは3年間以上も騙され続け、「日本経済は再生する」「暮らしはよくなる」と信じ込まされてきたのである。

しかし、このままでは、そのような未来は間違いなくやって来ない。やって来るのは、アベノミクス以前よりももっとひどい、悲惨な未来ではないのか。

アベノミクス以前から日本経済は衰退を続けていた。その主原因は、人口減・生産年齢人口減・高齢化、そして日本の産業構造のグローバル経済への不適合にあったのだから、それに見合った縮小均衡政策と大胆な規制緩和を行えば、少なくとも私たちの暮らしはここまで悪化することはなかったはずだ。

それを「異次元の量的緩和」「大規模な財政出動」などというバクチ的な政策に打って出たお

かげで、日本経済の衰退は早まってしまったと言うほかない。

それなのに、2015年9月、安倍晋三首相は「アベノミクスは第2ステージに入った」と宣言した。「GDP600兆円」「1億総活躍社会」などという空虚なスローガンを掲げ、第1ステージの失敗を覆い隠してしまった。

「GDP600兆円」「1億総活躍社会」などに、そこにいたるための具体的な裏付けはまったくない。つまり、ただの言いっぱなしであり、もしこれが会社の事業計画のプレゼンなら、この点をつかれてたちまち立ち往生してしまっただろう。

しかし、メディアはかたちだけの批判をしただけで、深く追及しなかった。そればかりか、「第1ステージ」の検証をしなければならないのに、それも怠って「アベノミクス第2ステージ報道」を続けている。

「人間は考える葦《あし》である」というのはパスカルの有名な言葉だが、パスカルは「考えることは疑うことから出発する」とも言っている。アベノミクスが始まってからこれまでのことを思うと、私はこのパスカルの言葉に行き着く。

なぜなら、いまなにが起こっているか？　それはなぜか？　と、メディアが真っ先に疑い、そのうえで報道していれば、アベノミクスがまったく機能していないことはもっと早い時点でわかっていたはずだからだ。いや、そもそもその出発点からして、アベノミクスの景気回復の効果は疑われていたのである。

デフレは本当に悪なのか？　インフレにすれば景気は本当によくなるのか？　量的緩和をすれば経済は回復するのか？　——など、疑ったうえで報道してこなければならなかった。それをしなかったから、安倍晋三首相も政府も、間違いに気づいているはずなのに、口先だけの「アベノミクス第2ステージ」を打ち出してしまった。

今日まで、ほとんどのメディアはアベノミクスを大歓迎し、希望的観測に基づく報道ばかりを繰り返してきた。さらに、政府発表の数値をそのまま垂れ流し、意図的に悪い数値を隠して、偽りの景気回復を政府とともに演出してきた。これは、本来の報道から離れた、明らかな〝印象操作〟である。大新聞からテレビ、経済誌、週刊誌にいたるまで、一部を除いてアベノミクスに否定的な報道はほとんどなかったと言っていい。

その結果、なにが起こったか？

アベノミクスが始まってから今日まで、景気に関する世論調査では常に「景気回復を実感していない」という答えが7割以上に達してきた。株価が上がり、円安で企業業績は回復したが、肝心の給料が上がらなかったからだ。

ところがメディアは、給料までもが上がっているように見せかけてきた。とくに大新聞は、大きなスペースを使って「賃上げ広がる」「ベア過去最高決着」「個人消費に追い風」「経済好循環へ節目」などという見出しで政府発表の数値の速報を報道し、その後、確報で実質賃金がマイナスになるとアリバイ的に小さく伝えただけだった。明らかに政権に擦り寄り、政府と一体となって国民を〝洗脳〟してきた。


メディアがこのような姿勢では、多くの国民は実際になにが起こっているのかわからなくなる。本当は景気が悪いのに「景気はいい」と誤解する人間まで現れる。緩和マネーによる株価上昇と実際の景気はほぼ関連しないのに、さも景気がいいように報道すれば、株で火傷をする人間も増える。

とくに2015年の前半は、一部経済誌と週刊誌、そして一部エコノミストたちが「株はまだまだ上がる」「2万円は単なる通過点」と煽ったので、それまで株をやらなかった人間が市場に参加するようになった。しかし、2015年8月にチャイナショックの暴落が起こると、多くの個人投資家が資産を失った。老後資金を株に投資した高齢者のなかには、生活が立ちゆかなくなる人も出た。

そんななか、じつは政府内部でもアベノミクスの失敗を認めざるをえない状況が出現していた。

２０１５年9月11日の経済財政諮問会議で、内閣府から提出された資料には「個人消費は総じてみれば底堅い動き」と書かれてはいたものの、「身近な食料品等の物価上昇が相次ぐ中、低所得者層等の消費活動に影響を与える可能性がある」とも追記されていたからだ。これは言葉を換えれば、アベノミクスが標榜してきた「トリクルダウン」（株価などの上昇と企業業績の回復→給料のアップ→消費の拡大）が起こらなかったことを認めるものだった。「2年間で２％の物価目標を達成しデフレマインドを払拭する」という日銀の方針の否定でもあった。

しかし、大新聞は、この政府内部の認識の転換をほとんど報道しなかった。報道したのは、安倍首相が、会議の席上で「携帯料金などの家計負担の軽減は大きな課題だ」と述べ、スマートフォンの通信料などの負担を減らす方策を検討するよう指示したこと、年内にも総合的な少子化対策をまとめるように訴えたことなどだった。

実際、このときの日本経済新聞の見出しは「携帯料金引き下げを首相、諮問会議で指示」、朝日新聞の見出しは「少子化対策は社会問題であると同時に経済問題だ。経済財政諮問会議で対策提案」となっていた。

メディアがこの調子だから、安倍首相は1カ月もたたないうちに、「アベノミクスは第2ステージに入った」「新しい3本の矢を始めます」などと言えたのである。

ふり返ってみれば、大新聞よりテレビのほうが、〝印象操作〟〝偏向報道〟はひどかった。もともと、テレビにはジャーナリズムの機能がそれほど備わっていない。世の中の「流行りモノ」や「ブーム」などを取り上げることが多いので、アベノミクスのネガティブな面はこれまでほとんど報道されてこなかった。

しかも、ニュース番組、ワイドショーでは、経済政策を批判する評論家やエコノミストは干され、出番が用意されたのは単なる解説者（コメンテーター）ばかりだった。彼らはアベノミクスが始まると、熱心にトリクルダウンを解説した。

「トリクルダウンというのは、たとえればシャンパンタワーのようなものです。ワイングラスをピラミッド状に積み上げて、いちばん上のグラスからシャンパンを注ぎ続けると、グラスから溢れでたシャンパンが下のグラスに注がれていきます。これをトリクルダウンと言って、最終的にすべてのグラスにシャンパンが満たされ、景気がよくなるわけです」

テレビ朝日の『報道ステーション』が、衆院解散後の２０１４年11月24日に放送したアベノミクス報道に対し、自民党が圧力をかけていたことが発覚したことがあった。

このとき、自民党は「公平中立な番組作成」を要請する文書を作成し、それをテレビ朝日に送りつけていた。その内容は、「アベノミクスの効果が大企業や富裕層のみに及び、それ以外の国民には及んでいないかのごとく断定する内容はおかしい」と番組を批判するもので、意見が対立する問題は多角的に報じることを定める放送法第４条に触れ、「番組の編集及び解説は十分な意を尽くしているとは言えない」と指摘していた。

こんな文書を政府与党からもらえば、日本のメディアは腰砕けになる。経済報道が偏向してしまったのも無理もない。その後、自民党はテレビ朝日だけではなく、在京のテレビキー局各社に対し、衆院選報道での「公平中立、公正の確保」を求める文書を送っていたことも発覚した。

なぜ、日本のメディアは政府に簡単に懐柔されてしまうのだろうか？　それは、メディアの成立基盤が広告収入だということが大きいからだろう。

じつは、安倍首相になってからの政府広報予算は、異常なまでに膨れ上がってきた。２０１５年度の政府広報予算額は83億４００万円で、前年２０１４年度の65億３００万円から18億１

00万円となんと3割近くも増加した。この予算額は、民主党・野田政権時代の2012年度の40億6900万円の倍以上である。ちなみに、2014年度の65億300万円への増額は、「消費税への国民の理解を深めるため」（政府広報室）というのがその理由だった。

当然だが、この広報予算の大半は、新聞広告やテレビCMのかたちで既存大手メディアの手に渡る。そして、既存大手メディアの幹部たち、たとえば読売新聞の渡邉恒雄会長、フジテレビ日枝久会長などは、安倍首相と頻繁に会食やゴルフ歓談を重ねて親交を深めてきた。安倍首相は、歴代総理のなかでメディア幹部ともっとも多く会食を重ねてきた。

本書では、アベノミクスの経済報道が、これまでいかに歪められてきたかを明らかにしていく。そして、いままでに、実際にはなにが起こってきたのかを示し、今後のために、メディア報道のどういう点を疑えばいいのか？　を指摘してみたい。

そうして、アベノミクスによる景気回復は、政府とメディアがつくりあげた〝幻想〟、〝ファンタジー〟、〝詐欺〟だったことを明らかにしてみたい。

私たちは、政府とメディアによる詐欺に踊らされ続けてきたのである。この状況から一刻も早く抜け出さないと、私たちはもっと貧しくなり、資産を失い、その結果、未来を大きく誤るだろう。

嘘だらけの経済報道●アベノミクスに騙されるな！——目次

第3章　そもそもデフレを悪とした間違い

第4章 インフレになれば景気回復するという嘘

第5章 量的緩和によってなにが起こったのか?

第6章 消費税増税に反対できないメディアの構造

第9章 労働法改正に反対するメディアの欺瞞

第10章 格差是正論で絶対語られないこと

第1章

アベノミクスは国家社会主義

「愚か者の考え」に染まっている日本政府

２０１５年11月、経団連が、政府要請に応じて２０１６年の春闘での賃上げを企業に呼び掛ける方針を打ち出したことに、私は本当に失望した。賃上げは、安倍晋三首相が、官民対話で経済界に要望していたもので、経団連がこれをあっさりと受け入れてしまったからだ。

さらに、安倍首相が経済財政諮問会議で、全国平均で現在７９８円の最低賃金を毎年３％程度増やし、「時給１０００円」を達成すると表明したのには、もっと失望した。

このときの報道によると、政府はこう考えていたようだ。

《最低賃金の引き上げはパートやアルバイトの賃金増加や待遇改善につながり、足踏みが続く個人消費を底上げする。それにより、「ＧＤＰ６００兆円」の目標が達成できる》

しかし、これは〝愚か者の考え〟、〝幻想〟、もっとはっきり言えば〝ウソ〟である。そんなことは、経済低迷を続けてきたこの日本では絶対に起こらないからだ。

しかもこの〝ウソ〟の性《たち》が悪いのは、政府が渋る企業に賃上げを要求することで、労働者の味方をしているように思わせていることだ。このペテンにメディアも簡単に引っかかって、政府のやり方を批判しなかった。

もはや、日本のメディアは経済の基本的な仕組みすら忘れてしまったかのようだ。

そもそも、資本主義においては、労働条件は政府が法律で決めるものではなく、労使の合意で決めるのが自然だ。モノの価格が需要と供給のバランスで決まるように、賃金も市場で決まるべきものである。

そうでなければ、好景気なら賃金が上がる、不景気なら賃金が下がるというメカニズムはなくなってしまう。好景気だろうと、不景気だろうと、政府が賃金を決めてしまえば、企業行動は大きく変わってしまい、最終的にそのツケは労働者に回ってくる。

最低賃金の引き上げは企業に対する課税

経済学者の間で論争はあるものの、古典的な経済学では「最低賃金の引き上げは企業に対する課税と同じ」とされてきた。また、「最低賃金の引き上げは個々の労働者に恩恵をもたらすが、企業全体ではコストが増えるので結果的に労働者の解雇が進んで失業が増える」とされてきた。

労働者の賃金は固定費だから、それが上がれば、企業の業績は悪化する。その結果、企業は採用数を減らしたり、リストラをしたりする。一時的に賃金が上がっても、その恩恵は全労働者に及ばない。とくにリストラにおいては、もっとも賃金が低い労働者から解雇されることになるので、政府の目論見とは逆の結果がもたらされる。

不思議なことに、いまの日本では「最低賃金法」は労働者を守るためにあると信じられている。政治家もメディアもこれを疑わない。だから、景気が悪いのに、これを引き上げようとする。

日本では、最低賃金の水準は、毎年夏に、労使の代表が厚生労働省の中央最低賃金審議会で議論して、その「目安」を決めることになっている。それを基にして、地方の審議会が地域ごとの最低賃金を決める。したがって、歴代の政権はこれを尊重して、賃金には介入してこなかった。

ところが、安倍政権になってからは、政府が露骨に介入し、2013年は過去最大の18円増が決まった。春闘における賃上げも同じで、安倍政権は2年連続で大企業に「ベア」を要求してきた。

しかし、円安で業績を改善させた大企業はともかく、最低賃金の引き上げは、中小・零細企業の経営の圧迫につながる。とくに最低賃金が都市部と比べて低い地方では、中小・零細企業は大きなダメージを受ける。その結果、中小・零細企業が人を雇うのを減らせば、その影響をモロにかぶるのは、ほかならぬ労働者である。

アメリカで始まった最低賃金の引き上げ

安倍政権の最低賃金の引き上げ政策は、アメリカのパクリという見方がある。というのは、アメリカでは２０１３年から２０１４年にかけて、多くの自治体で最低賃金（時給）を15ドルに引き上げる条例が可決されてきたからだ。たとえば、サンフランシスコ市では、市民投票で、これまで12・25ドルだった最低賃金を２０１８年7月までに段階的に15ドルに引き上げることが決まった。ロサンゼルス市も、議会が２０２０年までに引き上げる法案を可決した。

また、すでに、引き上げ案が可決され、引き上げが始まった自治体もある。シアトル市では、段階的な引き上げが決まった後から、先行して引き上げを始めたレストラン、スーパーなどが出現した。また、郊外のシータックという町では、客室１００以上のホテルや従業員数25人以上のレンタカー会社、レストランなどの最低賃金が15ドルに引き上げられた。

アメリカにおける最低賃金の引き上げは、著名な経済学者のジョセフ・E・スティグリッツ氏、ポール・クルーグマン氏、ジェフリー・サックス氏などが提唱してきた。彼らは、最近の研究・調査により、「最低賃金を物価上昇とリンクさせて引き上げることによる経済的な恩恵は、最低賃金の引き上げによる経済的コストを上回る」「最低賃金の引き上げは労働者の離職・転職率を減少させ、企業の労働生産性を向上させる」と主張した。

2015年7月、次期大統領候補のヒラリー・クリントン氏は、経済に関するスピーチで、「連邦政府は賃金引き上げに向けてさらに強く働きかけることができるし、またそうすべきだ」と主張した。

しかし、アメリカがやったから日本もやる。アメリカができたから日本もできると考えるのは、安易すぎる。なぜなら、アメリカ経済は曲がりなりにも成長しているが、日本経済はアベノミクスによっても長期停滞から抜け出せないばかりか、GDP成長率はマイナスに転じてしまったからだ。

不景気なのに、賃金を強制的に引き上げればどうなるかは明白だ。もっと不景気になるだけだ。

能力の劣る労働者を排除するための法律

アメリカで最低賃金制度ができたのは、19世紀後半から20世紀初めにかけてである。連邦法で定められたのは1930年代になってからだ。当時の経済学では、「最低賃金を定めれば雇用が減る」とされていたのに、なぜ、このような制度が生まれたのだろうか？

それは、経済学者や政治家たちが　最低賃金によって、能力の劣る労働者（つまり安い賃金でしか雇われない人々）を排除すれば、経済効率が高まり、社会は発展するだろうと考えたからだった。

また、当時はまだ人種差別があった。黒人に対する差別と偏見が存在していた。つまり、最低賃金制度は、黒人労働者を排除するという〝裏目的〟もあった。実際、これにより、黒人労働者の労働環境は改善されるどころか劣悪化した。

アメリカ史上、もっとも愚かな大統領の一人とされるフーバー大統領は、大恐慌になったにもかかわらず、企業に圧力をかけて賃下げをストップさせた。これを、労働組合は大歓迎して拍手喝采を送ったが、結局は自分たち自身が首を切られ、失業者は街に溢れた。

最低賃金が引き上げられたシアトル郊外の町では、あるホテルが、夜間のフロント係や保守係など15人の従業員を解雇した。また、人件費のかかる併設のレストランを閉鎖してカフェに切り替えた。

また、あるピザショップは閉店を従業員に通告した。現地の報道によると、その店の女性店主はこう話していた。

「4月に従業員を1人解雇し、勤務時間を1時間縮めて、その分は自分で働いてきました。自分には給料を払わなくてすむからです。少しですが値上げもしました。ほかにやりようがなかったからです」

原油安で経済危機に陥ったベネズエラでは、マドゥロ大統領が２０１５年11月1日に最低賃金を30％引き上げた。これは4回目の引き上げで、ベネズエラの最低賃金は2015年の1年間でなんと97・3％も増加することになった。インフレが止まらなくなったベネズエラでは、すでに販売業者に値上げを禁じる物価統制令も引かれている。これは、明らかな社会主義的な政策で、自由市場を殺してしまうものだ。

ところが、一般国民は大統領の経済政策を大歓迎し、労働者たちは大統領支持を叫んで街を練り歩いた。

本当にブラックなのは企業ではなく政府

このようなことを踏まえれば、安倍政権というのは、じつは「国家社会主義」の政権と言えるだろう。旧社会主義国と同じように、国家が経済をコントロールする。「5カ年計画」というような計画経済によって、国民生活に隅々まで介入し、結果的に国民の自由を奪い、経済を悪くしてしまうのである。

GPIF（年金積立金管理運用独立行政法人）の資金をつぎ込んで株価操作まで行っているのだから、そう思わざるをえない。日銀による国債の吸収と国よるPKO（プライス・キーピング・オペレーション：株価維持策）によって、日本から自由な金融市場はなくなってしまった。

それなのに、一部で安倍政権を「新自由主義《ニューリベラリズム》」批判する向きがある。アベノミクスの正体は新自由主義だと言うのである。いったい、彼らはどこを見てそう言っているのだろうか？
日本では、なぜか新自由主義が嫌われている。強欲な資本主義の代名詞とされ、国民から富を巻き上げ、企業や富裕層を富ますだけのものと思われている。しかし、本当にこれをやるのは、国家社会主義のほうである。

いまやＩＴ技術の進展で、単純労働は機械に置き換えられるようになった。スーパーを見ても、自動レジ化が進み、レジ係の店員が姿を消している。機械には賃金を払う必要がない。この流れはもはや止められない。賃上げを政府が強制すればするほど、企業はさらにＩＴ化、ロボット化を進めるだろう。

政府の強制による賃上げがなにを招くか、私たちはもっと真剣に考える必要がある。最低賃金の引き上げは、好景気ならともかく、不況が続く日本では、いまやるような政策ではない。

２０１４年から２０１５年にかけて、「ブラック企業」が世間の批判を浴びた。人を使い捨てにすることに国民の怒りが集まり、政府による規制を求めるようになった。しかし、ブラック企業は規制によってホワイト企業にはなれない。なぜ、なにか起こると、メディアと国民は政府による規制強化を求めるのだろうか？

本来、市場経済のなかで解決すべき問題を政府に委ねて、規制を多くすればするほど、民間経済は活力を失う。国家社会主義は強化され、それでトクをするのは、官僚やそれとつながる既得権益層だけになる。つまり、いまの日本で、本当にブラックなのは政府のほうである。

マイナンバー制度とセットになった増税

安倍政権の安全保障政策は正しかったかもしれないが、経済政策は完全に誤っている。今後、アベノミクスという国家社会主義による経済政策がますます強化されたら、日本はどうなるだろうか？

それを象徴するのが、2016年から実施された「マイナンバー制度」だ。

マイナンバー制度では、当然だが、徴税がしやすくなる。いずれナンバー一つで銀行口座から所有財産まで把握可能になるのだから、国の税収は増えるだろう。国家の力の源泉は、徴税権にある。国民がつくり出した「富」を強制的に奪えるからだ。

アベノミクスとセットになって、日本では増税が進んできた。消費税が5％から8％に引き上げられたばかりか、所得税、相続税まで引き上げられ、富裕層を狙った出国税も創設された。この先、2017年4月からは消費税が10％に再度引き上げられる。

また、増税路線とともに、納税申告も強化された。その一つが、確定申告の際に提出する「財産及び債務の明細書」の罰則規定だ。これまでも、年間所得の合計額が2000万円を超える所得者は、「財産及び債務の明細書」を確定申告の際に税務署に提出する義務があった。ただ、これには罰則規定がなかったので、提出する人間は多くなかった。

ところが、2016年度からは、「法定調書」として義務化されたため、提出しないと加算税が課せられることになったのである。

このように、この国ではマイナンバー制度と増税路線がセットで進んでいる。マイナンバーにより、国民の所得や資産（負債も）が洗いざらい把握されたうえに、それに対してこれまで以上の税金が課せられるのだ。

これがどんな結果をもたらすのか、誰にでもわかると思うが、メディアも専門家もあまり指摘しない。むしろ、マイナンバー制度の利便性が強調され、その仕組みや使い方を解説する報道のほうが多い。

富裕層から取った税金を庶民に分配する「社会正義」

いま思い返してメディア報道がひどかったと思うのは、2014年4月の消費税増税の際に、リベラルと言われる大新聞は反対する姿勢を見せたというのに、所得税、相続税の増税に関してはまったく反対しないか、無視したことだ。出国税にいたっては、富裕層から取るのだから、一般庶民には関係ない、むしろ課税強化をよしとしてしまった。

しかし、どんな税金でも増税すれば、経済活動は鈍り、景気は悪くなる。アベノミクスで期待される景気回復など絵空事になってしまう。

すでに「消費税増税が景気回復の足を引っ張った」ことは明らかだ。当初、「その反動は少ない」としてきたメディアも専門家も、これを認めている。しかし、その同じ口で、所得税、相続税などの増税には反対しなかった。なぜなのだろうか?

それは、富裕層からはいくら税金を取ってもいい。しかし、庶民からはこれ以上取ってはいけない。富裕層から取った税金を庶民に分配するのが望ましい。それこそ〝社会正義〟だと、メディアや専門家と称する人々が考えているからだろう。

しかし、この考え方でいくと、日本はますます社会主義国家になり、経済成長など夢のまた夢になる。国民生活は等しく貧しくなるだけだ。

異常に低くなった日本の相続税の基礎控除額

とくに、2015年から始まった相続税の基礎控除額引き下げは、ひどい結果をもたらした。これまでと比べて多くの家庭に相続税が発生してしまったからだ。とくに土地の時価が高い東京、大阪、名古屋の都心部においては、それほど金融資産を持っていなくても、一戸建てに住んで1000万円〜2000万円の預貯金があるだけで、相続税の課税対象になってしまった。これは、富裕層いじめではなく、庶民いじめである。

日本の相続税の基礎控除額はもともと低かった。たとえば、アメリカの遺産税の基礎控除額は500万ドル（約6億円）である。それなのに、2015年度の改正では［3000万円＋相続人1人につき600万円］という異常なまでの引き下げが行われた。

一部に、額だけではフランスやイギリスと変わらないという意見があったが、どちらの国でも配偶者は免税である。同じくアメリカも、配偶者からは相続税を取らないばかりか、欧米諸国には日本にはない信託制度がある。

2015年11月5日付けの日本経済新聞は、「国税当局が、タワーマンションを使った相続税対策の監視強化に乗り出したことが4日分かった」という内容の記事を掲載した。それによると、国税局は、「行きすぎた節税策には追徴課税もあり得るとして注意喚起している」という。

しかし、このような節税スキームがつくられたのは、日本の相続税が高すぎるからである。この点を、メディアは指摘しない。

マイナンバーは「資産課税への布石」なのか？

マイナンバー制度が導入されることになってやっと一部のメディアが、「マイナンバー制度は将来の資産課税への布石」と指摘するようになった。「財務省は国と地方を合わせて1000兆円を超えた財政赤字を解消するために高率の資産課税を導入するのではないか」と言うのだ。

資産課税は、文字どおり、なんらかの資産を持っていれば、それだけで課税される。前述した「財産及び債務の明細書」では、対象となる資産は、土地・建物にはじまり、預貯金、株式、債券、保険などの有価証券、さらに貴金属、骨董品までの記載が義務付けられている。となれば、マイナンバーが「資産課税への布石」と見られても仕方あるまい。

資産課税に関しては、驚くべきことに、一部専門家のなかにも「導入すべき」という意見を述べる人がいる。たとえば、「年次累進課税0・5%を実施すれば、個人金融資産1700兆円のうちの0・5%で税収は8・5兆円増える」と言うのである。しかし、これは日本政府にとっては必要かもしれないが、国民にとっては国家による収奪である。

資産課税が恐ろしいのは、富裕層にとっても庶民にとっても等しく課税される可能性があることで、しかも全資産に対する総合課税ということになれば、所得と資産の合計にかかってしまうことだ。所得がなくとも、土地や預貯金、宝石を持っていただけで課税されてしまう。もちろん、課税対象額は段階的になり、庶民は対象外にされることもあるが、資産形成へのモチベーションは著しく低下するだろう。

相続税は憲法違反？ 多くの国には相続税がない

相続税の話に戻るが、相続税はもともと、その課税根拠が希薄な税金である。それは個人の財産権を侵すものだからで、日本国憲法の第29条に「財産権はこれを侵してはならない」と規定されているので、憲法違反という声もある。

　私たちは、所得があればその一部を所得税というかたちで国に納めている。それなのに、最後に残った私有財産にまで課税するのは、税制の基本原則で禁止されている「二重課税」ではないのかと言うのだ。

　実際のところ、アメリカの共和党は常に「相続税廃止論」を唱えているし、すでに、世界の国のなかには、スウェーデン、シンガポールなどのように相続税を廃止した国もある。

　また、現在、世界で経済成長している多くの国には相続税そのものがない。前記したスウェーデン、シンガポール以外では、スイス、カナダ、デンマーク、オーストラリア、ニュージーランド、香港などがそうだ。しかも、これらの国の「１人当たりのＧＤＰ」は日本より高い。

　以下、相続税のない国の１人当たりのＧＤＰ（２０１４年、ＩＭＦの「世界経済アウトルック」）を記してみる。

　スイス（８万７４７５ドル）、カナダ（５万３９７ドル）、デンマーク（６万５６３ドル）、オーストラリア（５万１３０６ドル）、ニュージーランド（４万３８３７ドル）、シンガポール（５万６３１９ドル）、香港（３万９８７１ドル）。

　ちなみに日本は相続税の最高税率が55％で、１人当たりのＧＤＰは３万６３３１ドルと、先進国のなかでは低いほうである。

現在、新興アジアの多くの国が高い経済成長を遂げている。じつは、これらの国々のなかにも相続税のない国は多い。以下、それらの国々と1人当たりのGDPを記すと、次のようになる。

タイ（5444ドル）、マレーシア（1万803ドル）、ベトナム（2052ドル）、インドネシア（3533ドル）。

また、日本人には信じられないかもしれないが、中国にも相続税がない。中国人は、日本に相続税があり、その支払いのために、国に土地や建物を物納した例があると言うと驚く。たとえば、美智子皇后の実家は、相続税のために取り壊された。

ちなみに、中国の1人当たりのGDPは7589ドルとまだまだ低いが、経済成長率はここ数年、その数字がインチキとしても、7%以上を維持してきた。

配偶者からも相続税を取るという過酷さ

日本の相続税は高いばかりか、制度的にも欠陥がある。それは、配偶者までもが相続人になってしまうことだ。たとえば、アメリカでは夫が先に亡くなった場合、妻はその財産をそのまま引き継ぐことができる。アメリカでは、夫婦が共同で築いた財産は相続財産とは見なされない。

日本でもそうだが、夫が働き、妻が専業主婦として住宅などの資産を築いた場合、それは共同財産とされる。これは離婚した場合を考えれば当然だ。夫婦共同財産は、離婚時には分割される。住宅は売却され、夫婦でそれぞれ分け合うようなかたちが自然だ。

ところが、日本の場合、相続時には、この考え方が適用されない。いくら夫婦共同財産といえども、住宅の名義が夫名義になっていれば、夫の相続財産とみなされ、遺産分割協議が必要になったり相続税が発生したりする。そのため、夫の死後、残された妻がその家に住めないというケースも発生する。

相続税を廃止すればさまざまな問題が解決する

このような相続税のシステムと高い税率を維持していて、日本は経済成長できるだろうか？景気回復が可能だろうか？

相続税があり、それが高率だということは、世代を超えて富が蓄積されないということを意味する。国家にだけ富が集中し、民間は疲弊するだけである。

スイスは、ほとんどなんの産業もなかったが、相続税を廃止した結果、富の蓄積が起こり産業の発展につながった。シンガポールも同じだ。現在の日本の相続税では、どんなに資産を築いても三代で財産がなくなる。

そこで、提唱したいのは、相続税を廃止することである。そうすれば、経済と国民生活にさまざまなよい効果が出てくる。たとえば、現在多くの中小企業が悩んでいる「事業継承」がスムーズに行えるようになる。また、解体が進む家族もその絆が深まることで元に戻り、少子化や老老介護などの問題も解決に向かうだろう。そして、公共事業や開発で破壊される歴史的な建造物や町並みも後世に残すことができるようになるだろう。

相続税の廃止に関しては、当然、大きな反対意見がある。富裕層から税の配分を受けられると考えている庶民は必ず反対するだろう。また、「格差の拡大」を問題視するメディアや専門家も反対するだろう。しかし、いまのような増税路線を続けていけば、相続税どころか、どんな税金であっても、それが増税なら景気は少しもよくならない。単純に使えるおカネが減っていくのだから、消費が上向くはずがない。

かつて橋下徹氏が率いる大阪維新の会は「相続税100%」を提唱した。しかし、これは私有財産の否定であるから、社会主義の政策である。そんなことをすれば、誰も働かなくなるのは明白だ。一生懸命働いて、それで財産を築いても死ねば国に全部取られてしまうとしたら、働く意欲はなくなる。

働いてマイホームを建て、そこで家族と長年暮らしてきても、名義人が死ねば残った家族はそこに住めない。追い出されるような制度が、はたして国民の幸福をつくり出せるだろうか？

私は4年前、『資産フライト』（文春新書、2011）という本を書き、資産を海外に持ち出す富裕層の動きを描いた。当時でもそうだから、相続税の増税や出国税の創設、そしてマイナンバーによる課税強化は、この流れを加速させる。

このような私有財産を否定する増税は、いまや庶民にまで及んでいることを思うと、それは国家による「豊かになってはいけない」「豊かになったら罰する」というメッセージである。アベノミクスは、それをひたすら隠して、「1億総活躍社会」「GDP600兆円」「希望出生率1・8」などという国民を〝洗脳する〟真逆のメッセージを送り続けている。

第2章

チャイナショックの正体とは?

日経平均は高値から3000円も下げる大暴落

いつの時代もバブルは弾ける。そして、バブルに乗った投資家は逃げ遅れれば資産を失う。2015年8月のチャイナショックによる株価の暴落（＝世界同時株安）は、またも同じ教訓を私たちに教えてくれた。

8月25日、日経平均は5営業日連続で下げた後、ついに前日比で約733円安の1万7806円と、2月10日（終値1万7652円）以来の6カ月半ぶりの安値を記録した。直前の高値が2万0833円だったから、下げ幅は3000円以上。まさに暴落である。

この暴落を演出したのは、外国人による「空売り」である。実際、株価が下落し始めたときから、空売り比率は連日30％を超えていた。

日本の株価は、外国人と公的マネーによる買いに、個人投資家が乗って上げてきた。外国人のマネーは投機的なものが多いから逃げ足が速い。しかし、公的マネー、いわゆる「5頭のクジラ」（日銀、GPIF、3つの共済資金、かんぽ生命、ゆうちょ銀行）が買い支えてくれるから、日本の個人投資家たちは安心して買い進んでいた。

アベノミクスが始まる前まで、彼らはみな〝高所恐怖症〟にかかっていた。それもそのはず、1990年のバブル崩壊以来、日本の株価は多少上がってもすぐまた下げることを四半世紀以上にもわたって続けてきたからだ。上がってもすぐまた下げるのではないか。そう思うと、安心して買えない。

ところが、アベノミクスが投資家のマインドを変えてしまった。日本の個人投資家たちは、いつの間にか「上値追い」を始めてしまったのである。

暴落まで株価上昇を煽り続けたメディア

２０１２年11月、安倍晋三政権が発足する前に９０００円台だった日経平均は、２０１３年４月から始まった異次元緩和によってじりじりと上がるようになった。そうして、２０１４年10月に異次元緩和第２弾と公的マネーの投入が本格化すると、その上げ足はいっそう速まった。こうして年が明けて４カ月後の４月22日、ついに終値で2万円を超えた。

株価が2万円目前となったころから、メディアは投資家を盛んに煽るようになった。「2万円は単なる通過点」として、証券会社も、顧客に「お宝株」などを盛んに勧めるようになった。

なにしろ、株価が２万円を超えるのは２０００年４月以来15年ぶりのことだったから、メディアの過熱ぶりは無理もなかった。とくに週刊誌は、エコノミストや株式評論家のコメントを駆使して「いまが買い時」「安心して買える」という記事を出し続けた。なかには、「バブル期超えもある」「6万円もある」と囃し立てた記事もあった。

週刊誌の中核読者は、かつては30歳代〜40歳代の団塊サラリーマンだった。しかし、時代は大きく変わって、60歳代以上の引退世代に移行したため、これらの記事は読者ニーズに合致していた。なぜなら、日本で株を買っている層は、60歳以上の高齢者に偏っているからだ。

株高の「煽り派」は『週刊現代』。『週刊ポスト』と『週刊新潮』はどちらかと言えば「懐疑派」だったが、株特集を組んだ。『週刊文春』は「無関心派」だったが、『東洋経済』や『ダイヤモンド』などの経済誌も株特集を組み、大新聞も連日株価高騰報道を繰り返したから、世間的には「アベノミクスの成果により景気は回復し、株価はまだ上がる」というムードが醸し出されてしまった。

こうして多くの個人投資家は、〝高所恐怖症〟をすっかり忘れてしまったのだ。そこに襲ってきたのが、チャイナショックだったのは言うまでもない。

論調を変えたメディアのおざなり観測記事

株価暴落後、メディアの論調は一気に変わった。もちろん、「これは調整局面にすぎない」と報じたメディアもあったが、「世界同時恐慌の始まり」と言い出すメディアまであった。つい先日まで、「株価はまだまだ上がる」と言っていたその舌で、「まだまだ下げる」と書くのだから、投資家はたまったものではない。

株価暴落を受けて、アベノミクスに対するメディアの論調も変わった。それまでは、ネガティブな記事を極力抑えてきた大新聞も、懐疑的な記事を掲載するようになった。

以下、一例として、毎日新聞の記事「世界同時株安：アベノミクス、狂い始めた楽観論」（2015年8月24日付）を挙げておきたい。

《世界的な連鎖株安は、徐々に回復を続けてきた日本経済にも大きな影響を及ぼす恐れがある。株高を政権求心力の重要な要素と位置づけてきた安倍政権にとって無視できない事態で、経済対策による景気下支えを求める声も高まりそうだ。また、日本経済の先行きに強気の見方を維持している日銀に対しても、追加の金融緩和に対する圧力が強まる可能性がある。》

日本の大新聞の経済記事の特徴として、「高みの見物」が挙げられる。メディアはけっして当事者の立場には立たず、根拠がどこにあるかわからない観測を書く。それらの記事には、きまって主語がない。

なにも伝えていない「成り注原稿」

この毎日記事にしても、「経済対策による景気下支えを求める声も高まりそうだ」とは言っているものの、なぜそうなるのか？　そして誰がその声を発しているのか？　まったくわからない。さらに、「追加の金融緩和に対する圧力が強まる可能性がある」と言うが、これもまたなぜ圧力が強まるのか？　誰が圧力をかけるのか？　は、わからない。しかも、こうした表現はすべて紋切り型である。

紋切り型表現は、業界用語で「成り注原稿」と呼ばれる記事に多用される。「成り注原稿」とは、記事の最後を「成り行きが注目される」で締めた原稿のこと。こうすれば、記事の収まりがつくので多用されるが、実際にはなにも語っていないに等しい。

「成り注原稿」の表現は多種多彩である。そのものずばりの「成り行きが注目される」以外に、この毎日記事にあるような「声も高まりそうだ」「可能性がある」のほか、「と期待される」「と見る向きもある」「と言われる」などがある。

じつは、「成り注原稿」は新聞業界では厳しく諌められてきた。記者がこうした原稿を上げてくると、「そんななにも語っていないことは書くな！」と、デスクは叱責したものである。

しかし、いまでもこうした原稿が生まれるのは、記者自身が経済と相場のメカニズムをよく理解していないか、単なる怠慢のせいである。よって、新聞の観測記事は単なる憶測であり、信用できないと思ったほうがいい。

「チャイナショック」の現場からレポート

経済報道には「因果関係」の解明が必要である。なぜ株価は暴落したのか？　その原因を突き止めなければ、本来の報道とは言えない。この世の中のどんな出来事にも、その結果を引き起こした原因が存在する。しかし、日本のメディアは、この作業をおざなりにする。

２０１５年8月の株価暴落の原因を直前の「上海株の暴落」に求め、「中国経済の減速が鮮明になったから」と、中国のせい（＝チャイナショック）にしてしまった。そして、テレビ局のキャスターや記者たちは中国に飛び、「私はいま震源地となった上海を訪れています」と、証券会社の前に集まった「股民《グーミン》」（中国の個人投資家）たちにマイクを向けた。大損した人間ほどよくしゃべる。「政府は詐欺を働いた。私のカネを返してくれ」「家を売るしかない」など、ナマの声はいくらでも拾える。

証券会社の次は、「鬼城《グイチエン》」（不動産投資の過熱によりゴーストタウン化した街）である。「ご覧下さい、これが中国バブル崩壊の現状です」と、カメラは惨状を映し出す。こうして、チャイナショック説は確定し、スタジオではコメンテーターが「中国経済の減速が日本に与える影響は深刻でしょう」と語って、レポートは無事に終わる。

しかし、世界同時株安は本当に中国が原因だったのだろうか？

よくよく見てくれれば、中国経済の減速は突然始まったことではない。数年前から不動産バブルの崩壊は懸念されていた。それが顕著になった2014年後半、北京政府は「バブルはバブルで清算する」という定石どおりの株価刺激政策を取ったため、上海株は異常な値上がりを続けていた。

それがついに崩れ出したのは2015年7月初めだが、このときは一時的に下げたものの「世界同時株安」は起きなかった。また、また8月11日〜13日に人民元の基準値が合計で約4・6%引き下げられたときも、株価はそれほど影響を受けなかった。

それなのに、なぜ、このときに一気に暴落したのだろうか?

株価暴落の真犯人は中国にはいない

株価の暴落の直接原因が、上海株の暴落による「チャイナショック」であったことは間違いない。中国経済の減速が背景にあったことも間違いない。しかし、真犯人は別のところにいた。

それは、リーマンショック以後、世界中で行われてきた金融緩和である。この緩和マネーが株式を中心とした資産バブルを生み出したのである。

このバブルは誰かが引き金を引けば、一気に弾ける。弾け方が少なければ、さらにまた第2弾、第3弾の暴落が起こる。チャイナショックはその第1弾であり、引き金を引いたのは、いつかバブルは弾けるとして、時機を見ていたウォール街のファンドの大物たちだった。

つまり、真犯人は中国にはいなかったのだ。

2015年の金融市場の最大のテーマは、アメリカのFRBがいつ利上げに踏み切るかにあった。その時機をFRBは引き伸ばし続けてきたので、メディアもほとんどの投資家たちも9月以降と予想していた。そのため、みなどこで「逃げる」（=ポジションを解消する）かを考えていたが、それはまだ先だろうと楽観視していた。この虚を衝ついたのが、ウォール街のファンドの大物たちだった。

夏場の相場を「サマーラリー」と呼ぶ。これは、夏場には株価が上がるというアノマリーから来ている。ウォール街では、一般的に7月4日のインディペンデンスデー（独立記念日）から9月第1月曜日のレーバーデー（労働者の日）までの期間をこう呼んでいる。アノマリーだけに合理的には説明できないが、夏場は株価が上がると信じている向きが多い。

たとえば、2005年からのここ10年間を見ると、サマーラリーシーズンは、その前のシーズン（3月末〜6月末）に比べて、株価の騰落率が上回っている年が多い。リーマンショック前後の2007年、2008年の2年を除いて、なんと8年はこの傾向にあった。とくにリーマンショック後の2009年などは、夏場にNYダウは大幅に上昇した。

それに夏場はファンドマネージャーの多くがバケーションに出かけている。つまり、上海株の下落と人民元の切り下げは、この〝虚〟を衝くための格好の材料となった。

誰かが下落を仕掛けて、その下落を見た投資家たちが、その背景にもっともらしい理由（＝チャイナショック）があれば、「これは逃げ遅れたらまずいことになる」と、売りが売りを呼んだのだ。

ジョージ・ソロス氏のポジション変更

日本のメディアは、ファンド界の大物たちの動きをほとんどマークしていないが、欧米メディアは常に注視し続けている。彼らがどんなポジションを持ち、なにを買いなにを売っているか？　また、どんな相場の見方をしているのかを、折に触れて報道している。

とくにジョージ・ソロス氏（ソロス・ファンド・マネジメント）は、常にマークされている。ソロス氏がかねてから金融緩和に批判的なのは、欧米メディアはよく知っている。ソロス氏は日本の異次元緩和にも警告を発していた。「黒田日銀が引き起こした円安はいずれ止められなくなるかもしれない。危険な政策だ」と言っていた。そして、NYダウに関しても「いずれ暴落するだろう」と述べていた。ただし、こうした彼の発言と、実際の投資行動が一致しているかは、後になってみないとわからない。

アメリカでは、1億ドル以上を運用する機関投資家は、四半期ごとにポートフォリオ（ヘッジファンドも含む）をSEC（証券取引委員会）に報告する義務を負っている。これは「Form 13F」と言い、SECはそれを公表している。

2015年の第1四半期の「Form 13F」は、2015年5月に公表された。それによると、機関投資家の3月末におけるポジションがわかる。

これを分析して、ファンドの大物たちのポジションの変化を読み取ることは、投資家、金融関係者、エコノミスト、経済記者にとってかなり重要な作業だが、日本でそこまでやっている人間は少ない。一部の投資家と金融専門家、一握りの経済記者がやっているだけだ。

欧米メディアの報道によると、2015年の第1四半期の「Form 13F」で、ソロス氏のポートフォリオは大きく変化していた。2014年の第4四半期で解消されていた「S&P 500」のプット・オプションが11億ドルも復活していた。また、個別銘柄では、最大ポジションだったアリババが第3四半期の4億6000万ドルから3億7000万ドルに大幅に減額されていた。

私は、経済やビジネスの取材をしているが、金融の現場を経験したことがないので、これがなにを意味するのかよくわからない。そこで、知人のファンドマネージャーに聞くと、次のような答えが返ってきた。

「S&P 500のプット・オプションを増やしたのは、S&P 500先物の空売りと組み合わせて、ヘッジしたためでしょう。ソロスは常にうまく立ち回っています。やがて来る株価の下落に備えているわけです。アリババ売りは、中国経済の減速の影響を織り込み始めたということでしょう」

中国最大級のネット企業アリババは、2014年9月にNY市場に上場されて一大ブームを巻き起こした。アリババは中国企業だが、そのファイナンスは中国だけで成立しているのではない。また、中国最大の検索エンジンのバイドゥは、オフショアのケイマンに籍を置く企業で、同じくNY市場に上場している。

「ソロスのファンドは主にグローバルマクロ戦略を取っています。彼らは市場をマクロ解析し、資金の流れの偏りが行き過ぎたときに集中的に投資行動を変えます。だから、ロング（買い持ち）とショート（売り持ち）の両方のポジションを同時に保有して、そこから利益を得ようとします」

報道で市場の変化知ったときは手遅れ

「Form 13F」では、ソロス氏と並ぶ大物デヴィッド・アインホーン氏（グリーンライト・キャピタル）も、ポジションを変更していた。アインホーン氏はアメリカ株のロングの比率を落としていた。それまではロングがショートを30％上回っていたが、この時点で14％と半分に減っていた。また、最大のポジションであるアップル株の保有量も減っていた。

つまり、ウォール街の大物たちは「宴《うたげ》はやがて終わる」と思っていたのである。

チャイナショックが起こる直前の２０１５年8月15日、日本経済新聞はニューヨーク発の次の内容の記事を掲載した。


《米著名投資家のジョージ・ソロス氏が率いるソロス・ファンド・マネジメントが２０１５年4～6月期に中国の電子商取引（ＥＣ）大手アリババ集団の保有株数を3月末の約４４４万株から約5万株に大幅に減らしたことが明らかになった。一方、フェイスブックを3月末の12万株から２５９万株に大幅に増やした。14日に米証券取引委員会（ＳＥＣ）に提出した四半期の保有有価証券報告書で明らかになった。

同じく著名投資家のジョン・ポールソン氏が率いるポールソン・アンド・カンパニーは半導体大手ブロードコムを新規に取得。代表的なドル建て金の上場投資信託（ＥＴＦ）である「ＳＰＲＤゴールド・シェア」の保有は約1割減らした。

ダニエル・ローブ氏が率いる投資ファンドのサード・ポイントは携帯電話大手ＴモバイルＵＳを新たに取得。デヴィッド・アインホーン氏のグリーンライト・キャピタルはアップル株を3月末から約5万株減らした一方、ゼネラル・モーターズ（ＧＭ）株を大幅に積み増していた

ことも明らかになった。》

この記事は、『ウォール・ストリート・ジャーナル』紙の記事「Soros Cuts Stakes in China's Internet Giants Albaba, Baidu」の後追いである。その後『ウォール・ストリート・ジャーナル』紙は、8月28日に「A 'Black Swan' Makes $1 Billion」という記事を掲載した。

これは『ブラックスワン』の著者、ナシーム・ニコラス・タレブ氏が顧問を務めるユニバーサ・インベストメンツがNYダウが大幅に下げ続けた1週間ほどの間に、10億ドルを稼ぎ、年初来のリターンが約20％上昇したというもの。ユニバーサはS＆P500種の短期物のオプションなどの投資に特化し、相場の大幅な下落局面で稼ぐことを得意にしているファンドである。

このようなことからわかるのは、日本の報道で市場の変化を知ったときはもはや手遅れだということだ。ただし、欧米メディアをフォローすればそれが叶うかといえば、そうでもない。

欧米メディアは、報道力と分析力は日本メディアを上回っているかもしれないが、市場の変化は常に水面下で進むからだ。また、欧米メディアといえども「おざなり報道」「バイアス報道」はある。

経済予測と相場予測はまったくの別物

ここ数年、私が親しく取材させてもらっているある投資家がいる。この人は投資家というより「相場師」で、実際、30年間以上にわたって先物相場の世界で勝ち続け、数年前、資産数百億円を持って海外に移住してしまった。しかし、いまも相場からは離れられず、主に為替を中心に相場を張っている。

そんな伝説的な相場師は、世界同時株安のなかで円安が円高に一時的に反転する直前にポジションを変え、大きなリターンを叩き出していた。

「なぜ空売りができたのですか？」

「相場の流れをずっと見てきたなかで、中国が人民元の切り下げを発表したときになにをすべきかがわかったからです。われわれ相場を張っている人間にとって最初に捨てなければならないのは、〝予断〟と〝値頃感〟です」

〝予断〟と言うのは、予めこうなるだろうと想定して相場を見ること。〝値頃感〟と言うのは、相場の世界にはお手頃な価格など存在しないということだ。

「ファンダメンタルズは無視しませんが、それがすべてを決するわけではありません。世界中で量的緩和が始まってからは、株価や為替などの相場は、実体経済と関連しなくなりました。

評論家たちはこのことがわかっていない。だから、予測を外すのです。いまや経済予測と相場予測は別物です。だから、実体経済の動向で相場を見てはいけない。そんなことをしていたら、〝まさか（魔坂）の坂に転げ落ちる〟。魔物に背中を押されてあっという間に転落です。相場には常に緊張感を持って接しなければなりません」

私は、テクニカル分析において彼の右に出る人間はないと思っている。彼は、世界中の相場の動きを注視しているが、ＣＭＥ（シカゴマーカンタイル取引所）の「ＩＭＭ通貨先物」の動きには最大限の注意を払っている。

私は、『永久円安』（ビジネス社、２０１５）『円安亡国』（文春新書、２０１５）と二つの本で、長期的な円安予測のもとに日本経済の実態を描いたが、それはあくまでも経済のファンダメンタルズ分析を基にした予測、つまり予断だ。予断は相場には適応できない。

この相場師は常々、こう言っている。

「相場は誰にでも儲かるようにはできていないのです」

メディアがすべきは大多数の幸福と利益の追求

アベノミクスが始まってから3年以上が経過した。この間に行われた量的緩和によって起こったのは、「円安・株高」だけである。為替は円高から円安に反転し、株価は株安から株高に反転した。つまり、相場だけが動いた。

その結果、日本ではグローバル展開している大企業と一部の投資家が潤った。しかし、株価投資や為替投資をしていない日本の一般国民はかえって貧しくなり、「実感なき景気回復」のなかで暮らし続けている。

それなのに、メディアや一部エコノミストは、アベノミクスが成功しているかのような錯覚を振りまいてきた。

つまり、メディアの経済報道はほぼ意味がない。企業業績、消費動向などファンダメンタルズ、各国の経済状況などで、株価や為替の動きを解説するのは間違っている。量的緩和により、世界中でマネーの量を増やしたから、株価が上がり、為替が変動しただけである。量的緩和はただのカンフル剤、時間稼ぎであって、実体経済を回復させる力はない。とくに日本の場合はそうだ。

それなのに、株価が下落したり、実体経済が悪化したりする傾向を見せると、メディアは「市場は追加緩和を求めている」「これ以上悪化する前に補正予算を組む必要がある」などと書く。

追加緩和を求めている市場とは誰のことなのか？　補正予算でトクする主体はなんなのか？　そのことには触れない。

民主主義国家において、メディアがすべきことは、大多数の幸福と利益（＝コモングッド：公共善）のための報道である。同じく政治も、大多数の幸福と利益を追求し続けなければならない。アベノミクスという政策は、はたしてそれをしてきただろうか？

チャイナショックというのは、政府にとっては失敗を覆い隠すための格好のネタだった。アベノミクスが失敗したのは、外的要因、つまりチャイナショック（＝中国経済の減速）のせいにできたからだ。

第3章

そもそもデフレを悪とした間違い

「デフレ＝悪」「インフレ＝善」という二元論

アベノミクスの量的金融緩和は、デフレからインフレへの転換を目指して行われた。つまり、景気が悪いのはデフレが原因だとされ、いつの間にか「デフレ脱却」が日本経済の最大のテーマになってしまった。

しかし、「デフレ（デフレーション）」は、不景気・不況という意味ではない。デフレとは、単に物価の継続的な下落のことを指すだけだ。それが不景気・不況の犯人にされてしまったのは、メディアによる偏向報道が大きい。

たしかに「失われた25年」の間、日本ではデフレが続き、物価は上がらなかった。この間、世界ではグロバライゼーションが進み、新興国経済が発展し、多くの国で物価が上がった。世界経済はインフレ基調のなかで成長を続け、ほぼ日本だけがデフレの下で低成長しか達成できなかった。これは、日本の経済システムと産業構造がグロバライゼーションに適応できなかったこと、生産年齢人口が減って国内需要が低迷してしまったことが主原因で、デフレだから低成長に陥ったわけではない。

メディアの論調というのは、客観的な事実を基につくられるのではなく、その時々の社会の雰囲気によってつくられる。とくに日本の場合、それが顕著だ。しかも、その論調は単純な

「二元論」に終始する。「デフレ＝悪」「インフレ＝善」というわけだ。

しかし、現在の若い世代は知る由もないが、1970年代にオイルショックによる「狂乱物価」が起こったときは、どのメディアも「インフレ＝悪」という報道を繰り返していた。あの時代、物価が上がるインフレは悪であったのだ。

「デフレスパイラル」という悪循環

この世のどんな事象にも、いい面と悪い面がある。「デフレ＝悪」とした学者やエコノミスト、メディアは、この悪い面だけを捉えていた。

物価を決めるのは、需要と供給のバランスである。不景気になると、人々の所得は減るので需要は減る。そうなると、これまでと同じ価格ではモノは売れなくなるので、売る側は価格を下げて対応する。そして、生産を調整するようになり、供給も減っていく。しかし、生産を減らせば不景気はますます深まり、物価は下落し続けることになる。

このような状態を、「デフレスパイラル」と呼び、日本経済はデフレスパイラルの悪循環に落ち込んでいると、1990年代末から指摘されてきた。

不景気で需要が落ち込む→物価が下落してデフレになる→モノの価格が下がり企業は減収・減益→賃金は上がらないばかりか賃下げ→赤字になった企業はリストラを行い工場閉鎖、人員削減↓さらにデフレが進む……。

「デフレは悪。インフレにしなければならない」と主張した学者やエコノミストたちの頭のなかは、このようになっていたと思われる。しかし、もともとは需要がないことが不景気・不況の最大の原因ではなかろうか。

1980年代に世界中の需要を満たすために生産を拡大し続けた日本企業は、1990年代に入ると多くのライバルの出現によって、生産過剰に悩まされるようになった。日本製品はかつてほど世界で売れなくなってしまった。この生産過剰を解消するには、いままでどおりの産業システムでは不可能である。しかも、日本は1990年代半ばから生産年齢人口が減り始め、2000年代に入ると人口減社会になってしまった。年々人口が減るのだから、それにともなって需要も減る。したがって、いくら人為的にインフレを起こしても、国内の需要は喚起できない。

需要が増えれば、価格を引き上げるだけで、〈需要増↓生産増↓雇用増↓給料増〉という好循環が起こる。しかし、本当の需要のないところに価格だけを引き上げたら、かえって需要が減退するだけで終わってしまう可能性がある。

デフレスパイラル論者は、物価の低下が次の物価の低下を生み出していると主張した。「デフレ下では、将来にわたって価格が低下することが予想されるので人々は消費を控える。いま買わなくてもいいと判断する。それがまた価格低下を生み出す」と言うのだ。グローバル化、日本の産業構造、人口減という要素を無視して、デフレという現象だけにスポットを当てたのである。

「いいデフレ」と「悪いデフレ」がある

大新聞やテレビが「日本経済はデフレで大変だ！」と大騒ぎしてきたというのに、ここ25年間、国民生活はさほど〝大変〟ではなかった。

給料は上がらなかったが、デフレが続いてきたおかげで、一般の人々の生活レベルが落ちることはなかった。テレビやパソコンなどの家電製品から衣料品・食料品までが安くなり、たとえば１００円ショップができて日常雑貨はかつてよりはるかに安く手に入れることができた。

そこで、デフレと言っても「いいデフレ」と「悪いデフレ」があることを再確認する必要がある。

「いいデフレ」というのは、需要と供給のうち供給側が努力を重ねていくことで物価が下がることだ。企業が努力して生産コストを下げれば、供給側（売る側）が製品を安く売れるようになるので、物価は下落する。この場合、はたして不景気・不況と言えるだろうか？　需要が減少したわけではないので、物価が下落することで人々はより多くのものを買う。需要は増加し経済は活発になり、景気はよくなる。

1990年代から今日にまで、日本企業はこうした努力を重ねてきている。しかし、低価格競争が激しさを増し、それが繰り返されることで企業側のコスト削減も限界になると、たとえば食品偽装事件、ツアーバスの転落事故など、デフレ経済のネガティブな面が顕在化してしまった。

ところが、メディア、とくにテレビは、〝激安〟を興味本位で伝えて〝激安ブーム〟を煽ってきた。テレビ番組では、ともかく「安い」ということが最大の基準になって、激安食品、激安グルメ、激安ファッションなどが次々と紹介された。

しかし、そうしたなかで、ひとたび人の健康や生命に直結する事件や事故が起きると、メディアは手のひらを返したように、事故・事件を追及した。

歴史的にはデフレ期のほうが好況だった

そもそもデフレはどこまで「悪」なのか?

歴史をふりかえってみると、驚くべきことがわかる。

たとえば、アメリカでは1789年から1913年まで100年以上にわたってデフレが続いた。ところが、このデフレの下でアメリカ経済は成長を続け、ついに世界帝国のイギリスを凌駕《りょうが》するまでになった。そうして、それまでイギリスが持っていた「世界覇権」を奪ってしまった。

すでに日本でも紹介されているが、２００４年にミネアポリス連邦準備銀行のアンドリュー・アトキンソン氏とパトリック・Ｊ・キホー氏の２人が発表した論文「デフレと不況は実証的に関連するのか?」(原題 Deflation and depression : Is there and empirical link ?)」によると、歴史的にはデフレのときのほうが好況だったという。

論文を発表した２人は、世界大恐慌時の５年間を除いた１８２０年〜２０００年の間にわたる世界の主な国17カ国の各５年間平均の実質経済成長率とインフレ率を調べた。その結果、全５９５例のうちデフレの事例は73例あったが、デフレと不況を同時に経験したのはわずか８例にすぎなかった。また、不況の事例は29例あったが、そのうちデフレであったのは８例しかなく、インフレであったのは21例もあった。つまり、デフレと不況の関連性はまったくなく、デフレ期の90％近くは好況と重なっており、経済成長をしていたのである。

とすれば、１９９０年以降の日本の低成長、不況は、デフレそのものが原因ではなく、世界がグローバル化するなかで日本の産業が競争力を失い、人口減によって国内需要が減退した結果であろう。

２０１５年3月19日、ロイターは「デフレと経済成長率、関連性薄い」という、次のような記事を配信している。

《国際決済銀行（ＢＩＳ）は18日公表した調査報告書で、デフレと経済成長率の関連性は薄いとの見方を示した。経済成長率は、資産価格デフレとの関連性のほうが強いとしている。38の経済を１８７０年までさかのぼって調査した結果、デフレは全期間の約18％で発生したことが明らかになったが、経済成長率が大きく低下したのは１９３０年代初頭に米国で起こった大恐慌の時だけだったという。デフレが債務問題の悪化につながったという証拠はないとも指摘した。

多くの中銀は利下げを正当化するために、デフレが景気に深刻な打撃を与えるとの主張を展開しているが、こういった見解に疑問を投げかけた格好となった。報告書は、デフレが続いた日本経済について、人口の伸び悩みと急速な高齢化が経済成長の重しになったと分析。デフレと経済成長の関係を分析する際には、人口要因を考慮する必要があるとしている。》

この指摘が正しいとすれば、アベノミクスというのは単なる思い違い、悪く言えば〝茶番劇〟だったということになる。安倍首相自ら「暗いデフレの時代から、デフレからの脱却を目指します」と宣言し、その結果、日本経済をデフレ時よりますます不況にしてしまったということになる。

さらに言えば、アメリカの「属国」である日本が、アメリカとの合意（密約）の下に意図的に行った政策ということになる。このことは、後に詳述するが、安倍首相がそれをどこまで理解していたかはわからない。

首相会見はほとんどがメディアとの出来レース

本書の「はじめに」で述べたように、２０１４年11月、自民党はテレビ朝日などの東京キー局の報道部門に対して圧力をかけ、「アベノミクスの効果が大企業や富裕層のみに及び、それ以外の国民には及んでいないかのごとく断定する内容はおかしい」と指摘した。要するに、アベノミクスの効果はいずれ一般国民に及ぶのだから、断定するのは早急だとメディアに圧力をかけたのである。

しかし、実際のところ、アベノミクスが無理やりインフレ誘導を目指した量的緩和を行ったことで、一般国民の生活は豊かになるどころかよりいっそう貧しくなった。豊かになったのは、大企業や富裕層のみである。アベノミクスが目論んだ「トリクルダウン」効果は起こらなかったのである。

なぜ、このようなことすら、メディアはまともに報道しなかったのだろうか？　それは、政権の圧力に屈する以前に、メディア自身の馴れ合い体質と構造的問題が存在するからだ。

これまで行われてきた首相の会見は、じつはほとんどがメディアとの「出来レース」「茶番劇」である。あらかじめ質問が用意され、それを知ったうえで回答が用意され、その回答を首相が一方的に読みあげる。これが、アベノミクス報道でたびたび行われてきた。だから、安倍首相はデフレを退治するために果敢に挑戦しているというようなイメージが増幅され、とうとう「1億総活躍社会」をつくるリーダーということになってしまった。

2015年9月24日、自民党の両院議員総会で総裁に再任された安倍首相は、恒例の記者会見を行った。この記者会見で首相はプロンプターを見ながら自らの抱負を語り、「1億総活躍社会」をつくる強い意思を表明した。

しかし、質問は報道各社と自民党の間で事前に打ち合わせが行われていた。しかも、質問は自民党の記者クラブである「平河クラブ」の記者のみに許されていた。

このような「やらせ」としか言えない記者会見は、海外でも行われた。総裁再任会見から5日後、国連に出席した後のニューヨークでの会見では、質問内容がすべて先に官邸側に提出されていた。日本のメディアの記者と外国メディアの記者が交互に5人まで質問することまで決まっていた。

しかし、ロイターの記者と米公共放送NPRの記者が予定外の質問をしたため、安倍首相は言葉を失い、会見は予定を消化せずに打ち切られた。

これを伝えたのは、ウェブメディア「アイ・アジア（iAsia）」だけである。

ロイターの記者は予定の質問を終えたあと、こう言った。

「もう１つ質問がある。あなたはシリアの難民問題で支援を表明したが、なぜ難民を受け入れないのか？」

これは、国連演説で安倍首相が難民支援にポンと約８億１０００万ドルを拠出すると表明したことを受けてのものだった。安倍首相は難民問題全体に対する取り組みの必要性を強調しただけで、質問をやりすごすしかなかった。

ＮＰＲの記者は、辺野古問題で、予定されていた政府と沖縄県との対立を問うた後、「移転後に環境汚染が起こらないと保証できるのか？」と質問した。これに安倍首相は狼狽《ろうばい》し、明確に答えられなかった。そのため、その後に予定されていたテレビ朝日の記者の質問は行われず、会見は中止となったのである。

記者クラブの弊害と巧みなメディア戦略

このような記者会見になってしまうのは、政府や官庁の一次報道に関して、新聞やテレビ局でつくる「記者クラブ」が独占しているからである。日本独特の記者クラブ制度では、加盟社以外（フリージャーナリストや週刊誌、海外メディア）などは排除されるので、取材すらできないことがある。民主党政権時代、記者クラブのオープン化が行われ、いまでは加盟社以外の記者も参加可能になったが、それでも質問は許されないことが多い。

もちろん、アメリカでもホワイトハウスの会見などでは、厳しい制限が行われる。記者には徹底的な身辺調査が行われ、記者証が発行されるまでにはかなりの時間がかかる。とはいえ、質問を事前に提出させられることはない。

官庁が用意する発表資料は、まず記者クラブに配られる。分厚い白書や調査報告書となると、読み込みや分析に時間がかかるため、「解禁日」が官庁との間で決められる。こうしたことがメディアと政府の馴れ合いになり、メディア間の「報道協定」を生み出す。

しかも、官庁や政府機関のクラブ室の経費や部屋代は、国会運営費など税金から支払われている。記者クラブというのは、所属する報道機関より、政府が丸抱えしているといっても過言ではない。

取材には会見取材と懇談取材があるが、懇談取材だと、話した人間は「政府首脳」「政府筋」などになる。読者は、なぜそんな情報が、誰かわからない人物から出てくるのかわからないまま〝洗脳〟されてしまう。

安倍政権のメディア戦略は、非常に巧みだ。

安倍首相になってから大きく変わったことが、二つある。

一つは、「内閣記者会」の長年の慣例を破り、新聞各紙の単独インタビューに応じたこと。また、テレビ局への単独出演も行った。たとえば、ワイドショーの「ミヤネ屋」にわざわざ日帰りで大阪まで行って出演した。こうされると、一国の首相が単独で取材に応じたのだから、メディア側としては大きく扱わざるをえない。

もう一つは、小泉元首相以来、慣例化していた「ぶらさがり取材」を止めたこと。その理由を「世界でこのような対応をしている国はありません」「首脳の発言は重く、国益に対する影響を考えれば、情勢を把握し熟慮したものでなければなりませんし、首脳としてコメントすべきでないこともあります」と自ら述べたが、失言などのリスクを避けるためであったことも確かである。

安倍首相は、ぶら下がりに代わる発信を、フェイスブックやツイッターで行うようになった。SNSでは発言は一方的に発信できる。あらかじめ準備すれば失言することはない。

デフレ下での格差とインフレ下での格差の違い

話を戻し、再度、トリクルダウンはなぜ起こらなかったのかを考えてみたい。

まず、デフレではいったい誰が困るのかと考えてみてほしい。前述したように、一般の人々はモノが安くなるので、デフレはむしろ歓迎である。しかし、資産を持っている人間、つまり富裕層はどうだろうか？　物価とともに不動産価格、さらに株価などの資産がどんどん下がるのだから、資産は目減りしていく一方になる。資産家にとってデフレは敵なのである。

とすれば、アベノミクスというのは、大企業と富裕層のための政策だったと断言できるだろう。

それなのに大手メディアは、デフレ時代にはなんと「デフレは格差を拡大する」と主張していた。その理屈は、「デフレは、すでにおカネを稼ぐ必要のなくなった裕福な人々にとっては物価が安くなっていくだけ得である。また、年金生活者にとっても得だ。しかし、現役の労働者にとっては、賃金が上がらないことは大問題である。デフレは裕福層と高齢者に優しく、貧困層と若者には厳しい。格差は拡大する一方になる」ということだった。

ここに、日本のメディアのデタラメぶりがよく表れている。デフレが富裕層にとって優しいわけがない。つまり、メディアにとっては、デフレでもインフレでもどちらでもいいのである。とくにリベラルメディアは、格差が拡大することを批判でき、それで「私たちは庶民の味方です」というポーズが取れれば、それでいいのである。

だから、かつてデフレを批判してきたその口で、今度は「アベノミクスは格差を拡大させた」と主張し、自民党からの圧力を受けたのだから滑稽《こっけい》と言うほかない。

格差がなぜ生じて拡大していくのかは、第11章でその真実を明らかにするが、デフレ下とインフレ下では生じる格差そのものが違うことを、ここでは指摘しておきたい。

まずデフレ下では、企業倒産やリストラにより、一部の労働者が貧困化する現象が起こる。しかし、それ以外の多くの労働者はこの影響を受けない。それどころかデフレで物価が下がり続けているので相対的に富裕化する。つまり、労働者の間での格差は生じるが、その差はメディアが批判するほど大きくはない。

ではインフレ下ではどうだろうか？　前述したように、ここで生じる格差は、一部の資産を持つ富裕層と持たない一般層の格差である。この「持つ者」と「持たない者」の格差の拡大はインフレが進めば進むほど大きくなる。

では、どちらの格差が社会的に問題だろうか？

デフレ下では持たない者の貧困化による格差が起こるのに対して、インフレ下では持つ者の富裕化による格差が起こる。この二つの格差の違いは、当然だが後者のほうがはるかに大きく社会を不安定化させる。１％の人々が社会の富の多くを独占してしまうことになるからだ。

日本のような国では、デフレ下では、資産のほとんどが銀行預金である一般の人間と資産家の格差はむしろ縮小する。この点だけでも、デフレを経済低迷の原因とし、格差拡大を批判してきたメディア報道は的を射ていないばかりか、デタラメである。

アベノミクスが解消できない人口オーナス

ここに二つの対照的な本がある。一つは『デフレと円高の何が「悪」か』（上念司、光文社新書、2010）、もう一つは『デフレの正体　経済は「人口の波」で動く』（藻谷浩介、角川oneテーマ21、2010）である。前者はそのときの社会のムード、メディア言論にのっただけの本で、後者は日本のデフレ不況が人口構成の変化から生じており、構造的な要因であると指摘した本だ。

いまとなれば、どちらが正鵠《せいこく》を得ていたかは明らかだろう。ただし、藻谷氏はデフレと不況を同義にしてしまい、デフレの原因を人口減と高齢化による需要不足としてしまった。人口減と高齢化は不況の原因だが、デフレの原因ではない。モノに対する需要不足がデフレを招くという考え方は、いまの経済学では否定されている。

いずれにせよ、日本経済の衰退、不況の原因は、人口動態を見れば説明がつく。以下、その人口動態から、1990年以降の不況と低成長の経過をまとめておきたい。

（1）生産年齢人口（15〜64歳）の減少

日本は、1990年代に入って、人口ボーナス期から人口オーナス期へ転換した。日本の生産年齢人口は、1995年に約8726万人とピークに達し、その後減少に転じた。働く人が毎年減り続けることになった。

その結果、当然だが〈生産年齢人口の減少→消費の減少→不況〉ということになったのである。

今後も日本の生産年齢人口の減少は続いていく。現在、まだ8000万人以上を維持しているが、2030年に6700万人ほどになり、「生産年齢人口率」は63・8％（2010年）から58・1％（2030年）に下がる。それとともに、高齢化が進展する。老年人口指数は36・1（2010年）から54・4（2030年）に上がる。

この人口動態を変えられないのだから、GDPは拡大しないし、経済成長率が上がるわけがない。

（2）高齢化率（65歳以上人口の割合）

老人は働かない。生産に寄与しない。したがって、いくら消費をしても、高齢化率が上がれば上がるほどGDP成長率は落ちGDP全体も縮小する。「高齢化社会」とは、高齢化率7～14％（65歳以上の人口の割合）を言う。これに続いて「高齢社会」（同14～21％）となり、さらに「超高齢社会」（同21％以上）となる。

日本は、1970年に7・1％で高齢化社会となり、1995年に14・5％で高齢社会になり、2007年に21・5％で、ついに超高齢社会に突入している。

(3) 人口減社会

日本の総人口は2007年から2010年まではほぼ横ばいで推移していた。しかし、2011年に26万人の減少となり、その後の月別でも相当数の減少が続いたことから、2012年1月の時点で、政府は2011年が「人口が継続して減少する社会の始まりの年」と発表した。アベノミクスは、人口減少から2年後に始まったが、現在のところ、この問題にはほぼなんの対処もしていない。人口が減るにまかせている。

以下が、日本が低成長、デフレになってからの人口の推移である。

1990年：1億2346万人
1995年：1億2546万人
2000年：1億2683万人
2005年：1億2778万人
2010年：1億2805万人

1990年代に人口オーナス（生産年齢人口の減少）に転じ、2011年についに全人口が減り始めたことを見れば、アベノミクスのような金融・財政政策では、景気回復は無理ということが誰にでもわかる。

それでも、無理やり成長させたいなら、グローバル経済に適応できるような大胆な構造改革をし、イノベーションを起こして生産性を上げるしかない。あるいは世界中から投資マネーを集めるしかない。

これをアベノミクス第1ステージでは「第3の矢」と称し、「岩盤規制を打破する」と安倍首相は言ってきた。しかし、口先だけで、農業改革の農協解体すら徹底してできなかった。そればかりか税制は、グローバル化と逆の「増税」に向かい、規制緩和の多くは骨抜きにされた。

デフレは悪ではない。それを悪としてインフレを善としたアベノミクスは、年金だけに頼る高齢者や資産を持たず働いて得ただけの賃金で暮らす一般の人々には、じつに酷なシナリオだったのである。

第4章

インフレになれば景気回復するという嘘

インフレを起こせという「リフレ派」の主張

インフレはデフレの反対で、物価の継続的な上昇を指す。だから、物価が上がって、それに給料の上昇が追いつかなければ、一般の人々の生活は苦しくなる。

アベノミクスで起こってきたことは、たったこれだけだ。物価上昇は、資源価格の下落もあったため、それほどでもなかったことで庶民生活は救われた。なにしろ、石油は1バーレル100ドルを超えていたのが、50ドル以下になったのだから、その効果は大きい。

しかし、資源価格が下落せず、円安だけが進んでいたらどうだっただろうか？　もし、アベノミクスの目標どおりに物価上昇率2％が達成されていたら、どうなっていただろうか？

アベノミクスは、デフレを悪とした「リフレ派」と呼ばれる人々の主張する「リフレ政策」を採用することで実施された。リフレ政策とは、少し前までは「インフレターゲティング政策」と呼ばれていた。簡単に言えば、中央銀行が市中に貨幣を供給し続けていけば、その結果インフレが起こって景気がよくなるというものだ。

その前提には、経済学で言う「貨幣数量説」があった。これは、中央銀行がマネタリーベースを積み増してマネーストック（世の中に流通する通貨の供給量：マネーサプライのこと。日本では2007年から言い換えられた）を増やすとインフレ率が高まる、マネーストックはインフレと比例的な関係にあるとするものだ。また、「合理的期待形成説」という経済理論もリフレ政策の根底にあった。

合理的期待形成説とは、企業や家計は「そのときに入手可能な情報を活用して、最適に将来を予想しながら行動する」という仮説である。要するに、企業も人も経済合理性に基づいて行動するから、将来インフレになる（＝物価が上がる）とわかれば、実質利子率は低下する。実質利子率が低下すれば、設備投資や個人消費が刺激される。つまり、人々は先におカネを使うようになって、景気はよくなるというのだ。

メディアが嬉々として持ち上げたリフレ派

アベノミクスが始まった当時、大新聞をはじめとするメディアは、こうした経済理論をやさしく解説した。また、「やさしいアベノミクス」「よくわかるアベノミクス」というような連載記事を登場させ、そこではリフレ派の学者や専門家にアベノミクスについて熱心に解説させた。

たとえば、リフレ政策を唱えて日銀の副総裁となった岩田規久男氏などは、当時、メディアに引っ張りダコだった。岩田氏は、学習院大学教授時代の著書『日本銀行　デフレの番人』（日本経済新聞社、2012）のなかで、「予想インフレ率を2％に引き上げるためにはマネタリーベースを増やさなければならない。マネタリーベースを増やす最も適切な手段は長期国債を購入する買いオペである」と説いていた。

このような考え方は、世界大恐慌の教訓から来ていた。アメリカでは、世界大恐慌の原因がケインジアンの言う「有効需要の不足」ではなく、FRBが通貨供給量を絞ってしまったということで決着がついていたからだ。これを証明したのがマネタリストのミルトン・フリードマンである。ただし、フリードマンは「小さな政府」主義者であり、市場のことは徹底して市場にまかせるべきとし、政府が市場に介入することを嫌った。

また、アベノミクスの〝生みの親〟とされるイェール大学名誉教授・浜田宏一氏も、メディアにたびたび登場して、熱心にリフレ政策を説いた。浜田氏は、デフレ脱却を第一に掲げ、それまでの日銀の政策が誤っていることを指摘し続け、著書のなかでもそれを訴えた。

メディアが浜田氏を持ち上げたのは、安倍首相が彼を気に入っていたからである。経済にそれほど強いわけでもない安倍首相は、権威ある学者の意見に弱い。じつは、浜田氏が2001年に内閣府経済社会総合研究所長に就任したとき、安倍首相は官房副長官として官邸にいた。こうしたことから、時の政権におもねるメディアは浜田氏の主張を垂れ流し続けた。

アベノミクスが成立するまでのルポ記事も生まれた。その記事（『週刊エコノミスト』2013年3月5日号）では、リフレ派の一人、中原伸之元日銀審議委員が、安倍自民党総裁が誕生するやいなや、資料片手に熱心にこう吹き込んでいたということが伝えられた。

「日本が長期デフレ不況に陥っているのは、日銀の資金供給量が足りないからです。アメリカのFRBは市場にドルをどんどん供給している。これと同じことをしなければ、足元の円高は脱却できないし、デフレも克服できません」

政治家のパーティでも、財界人のパーティでも、中原氏は安倍総裁にピッタリと寄り添い、こう説明していたという。

アメリカとは経済・金融構造が違いすぎる

インフレ率の将来目標を設定し（＝インフレターゲティング政策）、それを目指して金融緩和をやり続けるという政策は、最近ではアメリカの経済学者ポール・クルーグマン氏などが提唱したものだ。FRB前議長のベン・バーナンキ氏も世界大恐慌の研究者だったから、金融緩和論者だった。

ポール・クルーグマン氏は、「大胆な金融緩和よって〝流動性のワナ〟から抜け出せる」と言った。これに飛びついたのが、リフレ派と呼ばれる人々だった。

しかし、期待形成説というような理論は机上では有効かもしれないが、長期にわたってデフレを続けてきた日本経済に有効かどうかは誰にもわからない。なにより、人々が将来インフレになるからというだけで、すぐにおカネを使い出すだろうか？

人々の毎日の生活は、長期的な展望の下では成り立っていない。一部の人間を除いて、多くの人々は短期的視点しか持ち合わせていない。とくに人的資本（労働力）しか持たない一般労働者は、自分の毎月の給料のなかで暮らしを立てている。長くても、次のボーナスを考えて消費生活を送っているにすぎない。

さらに、日本の家計資産の構造はアメリカとは大きく違っている。たとえば、日本の家計資産に占める株式の割合はたった8・3％（2013年の「家計の金融行動に関する世論調査」）にすぎない。これがアメリカでは4割近い。だから、インフレになって株価が上がっても、日本の個人はその恩恵を受けられない。それを見越して出費をするだろうか？

また、日本の金融システムは、長い間、アメリカと違う間接金融だった。銀行が企業に融資するというシステムで動いてきた。しかし、世界はいまや直接金融である。いくら銀行がお金を貸すといっても借りる企業は少ない。日本の金融システムは欧米から見ると、クローズドされたシステムである。

こんな金融鎖国国家で、アメリカの経済学者が唱える理論が有効と考えるのは、頭のなかが「お花畑」としか言いようがない。

日本人は、この四半世紀、ずっとデフレの恩恵のなかで暮らしてきた。お金を使わず、将来に備える。ともかく、無駄なことはしないという暮らしを守ってきた。そんななかで、いきなり政府が無理やりインフレにするからもっとおカネを使えと言われても、企業も個人も消費行動を一気に変えるわけがない。

それに、グローバル経済は、一国の経済・金融政策ではどうにもできない。日本一国だけが、金融緩和をしてインフレを起こそうとしても、それが目論見通りに行く保証はどこにもなかった。

ところが、日本人はポール・クルーグマン氏をノーベル賞学者ということだけでありがたがった。安倍首相も、今日まで彼が日本に来るたびに、彼のご高説を聞いてきた。大新聞も経済メディアも同じで、とくに朝日新聞は彼のコラム記事（『ＮＹタイムズ』発）を掲載して、その言論を繰り返し掲載した。

こうして、日本もアメリカと同じように量的緩和をすれば、デフレは克服され、円安になり、株価も上がり、その効果で企業が業績を回復し、最終的に給料も上がって、景気は回復すると思い込まされてしまった。日本は輸出立国だから、これで日本企業は儲けられる。そうすれば、その儲けは最終的に労働者に回る。日本流の「トリクルダウンが起こる」というストーリーである。

しかも、量的緩和と財政出動はセットになっているので、政治家がいちばん権力を行使できる「バラまき」を行える。権力者、つまり政治家と官僚にとって、こんな都合のいいことはなかった。税金をバラまいて有権者の機嫌を取り、それが選挙での票につながるからだ。

インフレには二通りのインフレがある

インフレになればすべてがうまく行く。そんなうまい話があるわけがない。経済記者ならそんなことはわかりきっているのに、デフレを不況の原因と書いてしまったため、インフレが持つネガティブの面を警告しなくなってしまった。

そこで、インフレを考えてみると、大きく分けて二とおりのインフレがあることがわかる。一つ目は、需給のインバランスによって生じるインフレだ。つまり、モノが足りなくなり、それに供給が追いつかないために起こる物価の上昇である。需要が旺盛になれば、それによって生産も活発化し、雇用も増えて給料も上がる。この場合のインフレは、最終的にモノが足りれば物価の上昇が止まるので、大きな問題は起こらないと言える。

そこでこれを、「いいインフレ」と呼ぶことにする。となると、当然だが「悪いインフレ」もある。アベノミクスが始めたインフレターゲティング政策は、この「悪いインフレ」を招くものだった。

量的緩和によるインフレターゲティング政策は、単におカネの供給量を増やすだけだから、実需とは関係ない貨幣インフレである。実需がないのに、モノの値段が上がる、株などの資産が上がるだけだ。こうなると、それにつれて一般の物価も上がるが、給料は上がらない。つまり、資産バブルだけが起こり、トクをするのは資産を持つ者だけで、持たざる者の生活は圧迫される。前章で述べたように、悪い格差が拡大してしまう。

さらに貨幣インフレが問題なのは、インフレが止まらなくなる恐れがあることだ。人工的にインフレを起こすと、結局、そのツケは最終的には資産家にも一般人にも回ってくる。インフレバブルが崩壊すれば、資産家は資産を失い、給料が上がらない一般労働者の生活は逼ひっぱく迫してしまうからだ。

それなのに、日銀が目標とする2％の物価上昇が達成されていないと批判し、株安になるとすぐに「追加緩和が必要」などと書くメディアは、常軌を逸していた。追加緩和をすればするほどインフレへの歯止めがなくなり、最終的にはハイパーインフレが襲ってくる可能性が高まる。

将来インフレになってもモノを買わない

無理やりインフレを起こそうとしたリフレ派の言い分が間違っていたことは、その後も、日本人の消費行動がなにも変わらなかったことではっきりしている。

内閣府では「消費動向調査」を行っている。これは、一般消費者が感じる「暮らし向き」「収入の増え方」などの4項目を指数化したものだが、2015年7月の調査によると、「消費者態度指数」は前月に比べて1・4ポイント低下した40・3で、4項目すべてで指数が低下していた。これを受けて、内閣府は消費者心理の基調判断を「足踏みが見られる」に下方修正した。つまり、日本人は、アベノミクスが始まって2年半たっても、おカネを使おうとしていなかった。

ところが、リフレ派やそれに乗ったメディアはこれまでこう主張してきた。

「デフレの下ではモノの価格が将来低下すると見込まれるので、人々はモノの購入を先送りする。その反対に、将来インフレになるとわかればモノを積極的に購入するようになる」

要するに〝デフレマインド〟は経済にとってよくないので、デフレを脱却すれば、人々はおカネを使うはずだというのだった。

そこでもう1度、この消費動向調査のなかの「1年後の物価の見通し」を見ると、なんと87〜88%の人々が、将来物価は「上昇する」と回答していた。人々は、将来インフレになると感じているにもかかわらず、消費を抑えていたのである。「合理的期待形成説」は、ここにおいて現実に大きく裏切られている。この矛盾を、リフレ派とメディアはどう説明するのだろうか？

結局、この日本でモノを買ってきたのは、富裕層と爆買い中国人だけだ。一般の人々は、デフレのときと同じように節約生活を続けてきた。そうして、実直勤勉に貯蓄に励み、将来に備えてきたのである。実際のところ、人々はデフレだろうとインフレだろうと、現状を見て消費行動をするにすぎなかった。

ジム・ロジャーズ氏と中国メディアの指摘

驚くべきことに、とうとう政府自身もインフレを目指したアベノミクスのストーリーが間違っていたことを認めざるをえない日がやってきた。本書の「はじめに」でも述べたように、2015年9月11日の経済財政諮問会議に提出された内閣府の資料には、トリクルダウンが起こらなかったことが、次のように書かれていた。

「企業収益の増加が設備投資や賃金に十分に行き渡っていない」

さらに、民間委員から提出された資料には、「2年間に労働分配率が5％近くも低下し、1992年以来の水準になっている」「正社員の割合が足下で62・9％であり、2年前の65％台、リーマンショック前の66・6％から大きく低下している」ことなどが図表付きで示されていた。

つまりアベノミクスは、ここにおいて、当初の認識が完全に間違っていたことが明らかになったと言えるのだ。

これまで、経済財政諮問委員会では、民間委員からアベノミクスに対する懐疑的な見方も出ていた。しかし、安倍政権はずっと、その見方を力づくで封印してきた。だから、メディアもそれを書かなかった。

しかし、2015年の第2四半期のGDP成長率がマイナスになり、さらにチャイナショックによる株価の暴落が起こったため、そうはいかなくなった。小出しにだが、アベノミクス批判が始まった。ただし、政府もメディアも認識違いを認めても、それはあくまで内輪の話としてだけである。国民に対して認めたわけではない。

この国では政治家と官僚、そしてメディアは、絶対に自らの過ちは認めない。たとえば、朝日新聞が慰安婦報道を虚偽だったと認めるまでに、いったい何年かかったかと考えてみればいい。

チャイナショック後の8月下旬、中国の経済誌『価値線』のインタビューに応じるために、あの伝説の冒険投資家ジム・ロジャーズ氏が南京市を訪れ、次のように語った。

「世界の金融危機がそろそろ爆発しそうだ」「私はもう米国にはなにも投資はしていない。すでに米国の株価は史上最高値を通り越してしまった」「私は日本株も投げ売った」

ジム・ロジャーズ氏は、アベノミクスには当初から警告を発し、いつ見限るかのタイミングを見ていた節があった。それが、この言葉によってはっきりした。

9月10日、中国メディアの『環球網』は、安倍首相が自民党総裁選で無投票再選されたことを受けて、アベノミクスは失敗であるという記事を配信した。「アベノミクスは過去3年間で大きな成果を上げられなかった」と指摘し、株価が上昇し、円安もすでに進行してしまった現在、「安倍首相が次の任期でなんらかの成果を上げることはさらに難しくなるだろう」と指摘した。

さらに、記事中にジム・ロジャーズ氏の次のようなコメントも引用されていた。

「いまから20年後、日本経済を壊したのは安倍首相だったことに気づくはずだ」

自らのバブル経済が崩壊しつつある中国のメディアに、ここまで言われるのは日本人として腹立たしいが、事実であるだけに反論しようがない。結局、内側より外側から見たほうが実態はよくわかる。日本のメディアは政権に癒着しすぎて、自身の経済の実態すら見えなくなってしまったのである。

第5章

量的緩和によってなにが起こったのか？

市中はおカネでジャブジャブになったのか?

たとえば多くの経済記事で、「日銀はこれまで大量の円を刷って市場に供給してきた」「量的緩和により市中はおカネでジャブジャブになった」ということが、なんの疑いもなく書かれてきた。そうして、市中に大量に供給された円により、株価は上がり、企業の設備投資も増え、景気も回復してきたと解説されてきた。

しかし、本当にそんなことが起こったのだろうか? いったい誰が市中に大量に供給された「円」を見たのだろうか?

本当にそうなら、なぜ私たちのところまでそのおカネが回って来なかったのだろうか?

アベノミクスの第一の矢は、「量的金融緩和」だった。日銀が大量におカネを刷って市中に流せば、やがてインフレになる。やがてインフレになるとわかれば、企業も個人もおカネを使うようになる。そうすると、経済は回り出して景気はよくなると言われてきた。だから、黒田バズーカ砲（異次元緩和）が2度も発射された。

しかし、メディアがなんの疑いもなく書く「量的金融緩和」は、市中のおカネの総量（マネーストック）をたいして増やさなかった。これは、日銀のHPでバランスシートをチェックすれば、すぐにわかることだ。

【図表1】日銀のバランスシートの推移(2005年1月～2015年8月)

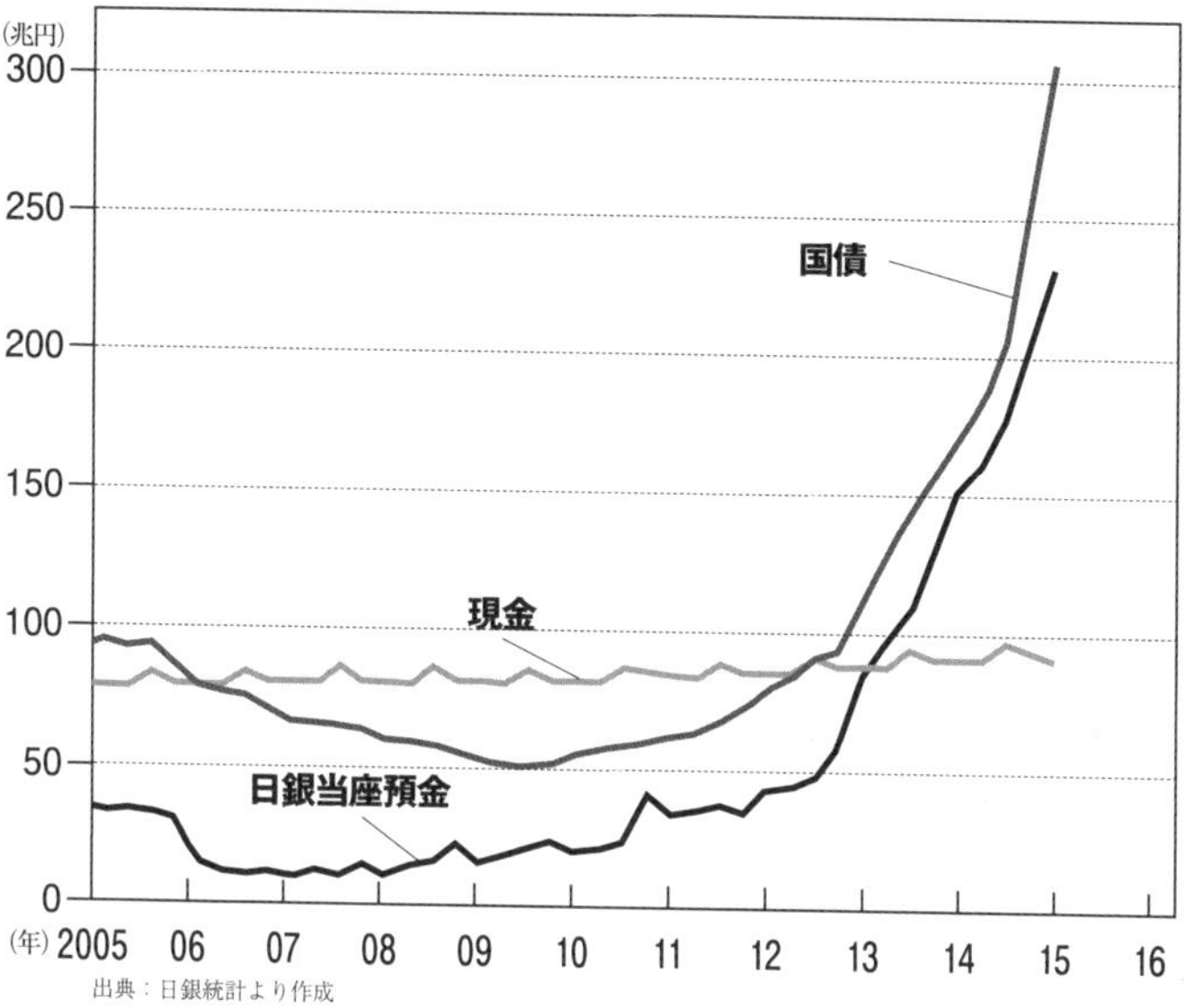

出典：日銀統計より作成

バランスシートは「資産」と「負債」を示すものだが、日銀の場合、異次元緩和で資産とされる「国債」をどんどん増やしてきた。日銀の国債保有残高は、異次元緩和が始まる前の2013年3月末には約125兆円だったが、2年後の2015年3月には初めて200兆円を上回り、2015年8月には約306兆円に達した。なんと、181兆円も増加した。

では「負債」のほうはどうなっただろうか？　負債の中心は「現金」(発行銀行券)であるはずだが、じつはほとんど増えていない。大幅に増えたのは、「日銀当座預金」で、こちらは、2013年3月に約58兆円だったが、2015年8月には約231兆円になった。なんと173兆円の増加である。つまり、増えたのは日銀当座預金がほとんどで、現金のほうはほとんど増えなかったのである。

前ページの【図表1】は、日銀のHPにある公開資料から、日銀のバランスシートの推移（2005年1月〜2015年8月）をグラフ化したものだ。

グラフを見れば一目瞭然だが、異次元緩和により「国債」と「日銀当座預金」は急激に増加したが、「現金」はほぼ横ばいである。

つまり、メディアの報道はデタラメだ。「市中はおカネでジャブジャブになった」などということは、起こっていなかったのだ。

日銀当座預金にマネーが「ブタ積み」されただけ

市中に現金が供給されず、日銀当座預金が増えるのを金融関係者は「ブタ積み」と呼んでいる。積まれるだけで、まったく使われないおカネだからだ。

ではなぜ、おカネはブタ積みされたのだろうか？

民間の金融機関は、保有国債を日銀に売る。そうすると、日銀はその代金を民間の金融機関が日銀に持っている当座預金に振り込む。これが、日銀当座預金である。この日銀当座預金は利息がつかないから、本来なら民間の金融機関はここからおカネを引き出して活用しなければ、利ざやは稼げない。

しかし、そうはしないのは、日銀が民間金融機関に対し超過準備部分（準備預金制度に基づく所要準備を超える金額）に対して０・１％の金利を付けているからである。

つまり、民間金融機関は、ほぼゼロ金利の下では日銀当座預金にマネーを置いていたほうがトクなのである。その結果、いくらマネタリーベースを増大させてもマネーストックはそれほど増えなかったのだ。

もちろん、日銀当座預金にマネーが「ブタ積み」されたとはいえ、民間金融機関の貸し出しは、金融緩和政策で増加はしてきた。日銀が２０１５年４月10日発表した貸出・預金動向（速報）によると、２０１４年度の銀行（都銀等、地銀、第二地銀）に信金を加えた貸出平均残高は前年度比で２・４％増の４８０兆８３４５億円で伸び率は２００８年度（２・４％）以来６年ぶりの高さだった。しかし、マネタリーベースの増加に比べたら微々たる伸びである。

つまり、アベノミクスのストーリーは、初めから破綻していたのである。資金需要がないのに、異次元緩和をしてみても、そのおカネの行き先はない。あるとしたら株などの金融資産だけ。結局、見せかけだけの金融緩和とアベノミクスのアナウンス効果のなかで、株高・円安バブルだけが進んだということになった。

それでも、日銀は意地でも量的緩和を維持し続けてきた。メディアの無責任な「追加緩和が必要」という声に応えて、バズーカ砲を維持し続けてきた。金融エリートもメディアも、けっして自らの間違いを認めない。

量的金融緩和は「時間稼ぎ」にすぎない

前章で述べたように、量的金融緩和はインフレを人為的に起こすことを目的として行われた。中央銀行がおカネを刷り、それを市中に流してマネーストックが増大すればインフレが起こるとリフレ派の人々は考えた。

彼らの頭のなかには、経済学で言うところの「貨幣数量説」の次のような方程式があったと思われる。有名なアービング・フィッシャーの交換方程式である。貨幣数量説では、世の中に流通している貨幣の総量とその流通速度が物価の水準を決めるとしている。

「M（通貨量）×V（貨幣流通速度）＝P（物価）×Q（総支出量）」

Mは中央銀行が市中に供給するマネーストックであり、Vは貨幣の流通速度。Pが物価、Qはモノの取引量である。つまり、中央銀行がMを増やせば、VとQが一定ならばP（物価）は上昇するという式である。

しかし、よくよく考えてみれば、不況期にはＶ（貨幣の流通速度）は落ちている。おカネの巡りが悪くなっているので不況になっているのだから、いくら中央銀行がマネーストックを拡大しようとしても、Ｖまでには影響を及ぼせない。

前述したように、増やした貨幣がブタ積みされてしまえばなおさらだ。結局、単純にＭを増やしただけではＰは上がらない。さらに、Ｍのなかでも中央銀行が操作できるのはその基礎の部分のマネタリーベースだけで、それにともなってマネーストックも増えると考えるのは短絡思考すぎたのではないだろうか？

実際、アメリカでも、リーマンショック後にＦＲＢはＱＥ（量的金融緩和政策）によってマネタリーベースを前年比約２倍のペースで増やしてきたが、マネーストックの増加はそれほどでもなかった。そのため、ＦＲＢは苦悩してきた。

リフレ派の主張に反対した金融政策無効論者は、すでに「中央銀行による金融緩和によってマネーストックが増えるとはかぎらない」と主張していた。また、マネーストックがある程度増加しても、かつての両者の関係ほどインフレ率が上昇しないとも主張していた。結果的には彼らのほうが正しく、アメリカのＱＥも時間稼ぎとして行われたにすぎない。つまり、経済回復のためには時間稼ぎが必要で、量的緩和は心理的効果という側面のほうを重視していた。

つまり、本当にインフレにしたければ、日銀はブタ積みを引き起こす当座預金金利を撤廃し、

ＥＣＢが実施した懲罰的な「マイナス金利」まで導入する必要があったのだ。

異次元緩和は憲法第29条違反である

異次元緩和の中身がどのようなものかいまさら説明しても仕方ないが、はっきりしていることは、これによって日本の借金がますます積み上がってしまったことだ。前記したように、２０１５年８月の時点で、日銀の国債保有残高は３００兆円を突破し、市場に流通する国債のうち日銀が保有する比率は３割以上に達した。

しかし、日銀は長期国債の保有残高が年80兆円のペースで増えるよう、市場から買い入れ続けている。これが続くと、２０１８年末には日銀の国債保有比率は5割を超え、その保有額もＧＤＰを上回る。

その結果、日本の国債市場は干上がり、日銀は政府債務のファイナンス機関に成り下がってしまう。もちろん、一部メディアはこのことを警告している。しかし、それなのに平気で「さらなる追加緩和が待たれる」などと書くのである。

日銀による国債の買い入れは、財政法違反である。直接買い入れではないから違反ではないという向きもあるが、異次元緩和でやっていることはほぼ直接買い入れと同じで、財政ファイナンスである。だから、限界に達すれば国債は暴落する。このことは第13章で、詳述する。

　また、異次元緩和は憲法違反でもある。日本国憲法第29条には「財産権は、これを侵してはならない」とあるが、日銀が異次元緩和で行っているＥＴＦとＪ―ＲＥＩＴ購入は、明らかな憲法違反であり、日銀法第43条にも違反している。

　日銀法第43条では、民間企業の株式を購入したり、不動産投資をしたりすることを禁じているが、ＥＴＦは日経平均やＴＯＰＩＸに連動する株式を間接的に購入することだし、Ｊ―ＲＥＩＴは同じく不動産投資と同じ（法律的には投資信託）だから、どちらも法律違反である。自分でおカネを刷れる中央銀行がこのようなことをすれば、国民の財産権はかぎりなく毀損《きそん》される。

　なぜなら、日本銀行券の発行は国民から与えられた権利であり、それをいくら証券投資とはいえ個別企業や個別不動産を潤すために使うからである。

　しかし、安保法制では「憲法を守れ」と大反対した朝日新聞などのリベラルメディアも、こちらの憲法違反に対してはまったく指摘しない。

量的緩和はアメリカのＱＥの肩代わり

　日本はアメリカの属国であるから、安全保障政策はもとより、金融・財政政策もアメリカの許可を得なければ実施できないと考えられる。この厳然たる事実も、大新聞からテレビまでまったく報道しない。

日本の教科書では、日本はサンフランシスコ平和条約により「独立」したことになっているが、これは「半独立」であり、本当の意味の独立ではない。

そのため、たとえば円高になったとき、日本政府は為替介入して円売りドル買い介入をしたことが何度もあるが、いずれもアメリカ財務省の許可を得たうえで行ってきた。これを「事前通告」と称しているが、実際は「許可要請」である。

これは、2015年8月の安倍首相の「戦後70周年談話」でも同じだ。日本政府は談話案をキャロライン・ケネディ駐日大使に提出し、事前にアメリカの許可を得ている。

とすれば、アベノミクスによる量的緩和も、事前にアメリカ政府との合意がなければできなかったと、容易に想像がつく。

ではなぜ、アメリカは日本の量的緩和を許可したのだろうか？　それは、QEを手仕舞いするにあたって、日本がその肩代わりをしてくれるからだろう。具体的に言えば、日本の緩和マネーがアメリカの財務省証券（米国債）を買い増してくれるからだ。

2015年4月15日に発表されたアメリカ財務省の2月の国際資本統計で、日本が米国債保有額で中国に代わって再びトップになったことが新聞報道された。ただし、小さな記事である。しかし、このことが意味することは、私たち日本国民にとっては重要である。なぜなら、私たちが日本政府に払う税金が最終的にはアメリカの懐《ふところ》に入るからだ。

２０１５年２月末時点で、日本の米国債保有額は１兆２２４４億ドル。中国が１兆２２３７億ドルと、その保有額を減らしてきたのに対して、日本は増やし続けているのだ。

アメリカ財務省が２０１４年９月に発表した２０１４年７月末時点での保有額は１兆１３５４億ドルだから、半年間で日本は約９００億ドルも米国債を買い増したことになる。

２０１４年は消費税が５％から８％へ３％アップされた年だった。消費税の１％アップは約２兆円の税収増になるとされる。つまり、私たちは消費税増税で約６兆円を日本政府に差し出したわけだが、この額はじつは日本の米国債買い増し額にも匹敵していない。１ドル１２０円で換算した場合の９００億ドルは10兆８０００億円だからだ。日本は消費税を引き上げて、それにさらに数兆円を上乗せしてアメリカに上納したことにならないか？

米国債の本当の保有残高は不明のまま

では日本政府は、どのように米国債を買っているのだろうか？

もっとも大規模な米国債買いは、特別会計のなかの一つである「外国為替特別会計」（通称、外為会計）によって「円売りドル買い介入」として行われる。政府はドル買いを国民の税金で直接やるわけにいかない。そのため、財務省が政府短期証券（ＦＢ）を発行する。そうして債券市場で円を調達し、その円を今度は為替市場で売却してドルを得るという仕組みだ。

具体的には、財務省国際局の為替市場課と日銀金融市場局の為替課がやり取りして、発行された政府短期証券を日銀が引き受ける。この円でドルを買うのだが、このとき日本が円で買ったドルは、そのまま米国債購入に充てられる。

これをアメリカ側から見るとどうなるだろうか?

日本がいくら輸出産業でドルを稼ごうと、そのドルは最終的に自分たちに戻ってくる。アメリカは慢性的に財政赤字国だからドルはいつも不足しているが、それを日本がファイナンスしてくれるのである。しかも、日本は米国債を売却できないことになっている。さらに、購入した米国債が満期を迎えるたびに、償還されたドルで再び米国債を購入することになっているので、アメリカは永遠に日本におカネを返さなくていいのである。

実際のところ、日本がどれほど米国債を抱え込んでいるのかは明らかにされていない。日銀のHPには、米国債の保有残高が公開されているが、それは米国債のうちの為替介入で購入された短期物にかぎった数字になっているからだ。米国債には10年、20年、30年といった長期物があり、これを日銀は大量購入しているはずだが、その保有額は公表されていない。

「新帝国循環」によって日本の富はアメリカへ

このような日本がアメリカの財政をファイナンスするシステムを「新帝国循環」と呼んでい

る。これは、２００５年に亡くなった経済学者・吉川元忠氏が著書『マネー敗戦』（文春新書、１９９８）で定義した概念である。

吉川氏はこの本のなかで、日本がレーガン政権以降のアメリカのマネー戦略に乗せられ、バブル経済をへて不況に陥り、ついにアメリカに「第２の敗戦」を喫するまでを分析して、次のようなことを述べている。

《世界最大の債権国が経済危機に陥り、その債権国に膨大な債務を負う世界最大の債務国が、長期にわたる好景気を体験する？　これは少なくともこれまでの国際経済の常識を逸脱した現象である。そこには何か経済的合理性とは別個の要因が作用していたとみるしかない》

吉川氏が指摘した「経済的合理性とは別個の要因」というのが、「新帝国循環」である。世界覇権と基軸通貨を握る国家（＝アメリカ）は、その属国群（＝日本を含む）から、常に必要な資金を得られるというシステムを構築しているということだ。

これは、経済学とは関係のないことである。国家のバランス・オブ・パワーの問題だ。だから、経済学者やエコノミストがいくら理論的に量的緩和の効用を説いても意味がない。メディアの使命は、経済学の理屈で実体経済を説明することではない。読者、この場合、私たち日本国民にとって、もっとも大事なことを伝えることである。アベノミクスの量的緩和が機能しないのはなぜか？　その背景にはなにがあるのか？　を伝えなければ、読者の利益を損なうだけだ。

アベノミクスによって、たしかに円安になった。そして政府は、「円安によって日本の輸出産業は復活し、景気は回復する」と言い続けてきた。はたして、それは本当なのだろうか？

日本政府が、円高だろうと円安だろうと、アメリカ国債を買い続けているかぎり、私たちが労働によって稼ぎ出した富は日本国内からアメリカに出ていくだけである。量的緩和によって増えたとされるマネーストックが国内を巡り、それによって景気が回復するというのは、ファンタジーにすぎない。

第6章

消費増税に反対できないメディアの構造

消費税増税を主張し、反動減は「想定外」

消費税が3％増税されて5％から8％に引き上げられてから、消費は大きく落ち込み、2014年の第2四半期のGDP成長率はマイナスに転じた。金融緩和と財政出動をしているというのに、増税をすること自体がアクセルとブレーキを同時に押しているのと同じだから、消費税増税は本来ならやってはいけなかったはずだ。

しかし、これは安倍政権誕生前に決まっていたことであり、また、ほぼどのメディア（とくに大新聞）も「増税はやるべき」「影響は一時的なものにすぎない」と当時主張していた。日本では、政権と大新聞が大合唱すれば、なんでもできてしまう。

2014年の第2四半期のGDP成長率の急激な落ち込みがわかったのは、内閣府の速報値の発表があった2014年8月17日である。では、翌日の各紙の社説はどうだったろうか？

読売新聞の社説は、「GDPマイナス　景気の停滞を長引かせるな」と出して、次のように主張した。

《消費税率引き上げに伴う個人消費などの落ち込みは、当初の想定より大きかったようだ。消費増税の悪影響を長引かせないよう、政府と日銀は経済政策のかじ取りに万全を期さなければならない》

消費税増税後は「反動減」が来るとされていたが、その反動減の大きさを「想定外」で片付けてしまっている。そして、「政府と日銀は経済政策のかじ取りに万全を期さなければならない」と言うのは、アベノミクスを続けろということだろう。

読売以外の新聞の社説もだいたい同じだった。消費税増税に反対しなかったのだから、「想定外」と書く以外になかったのだ。

そこで、さらにさかのぼって、消費税増税法が成立した2012年6月26日の翌日の各紙の社説はどうだったのかをまとめてみよう。

読売新聞「一体法案可決　民自公路線で確実に成立を」
朝日新聞「一体改革、衆院通過――緊張感もち、政治を前へ」
毎日新聞「大量造反で通過　民主はきっぱり分裂を」
産経新聞「増税大量造反　3党合意これで持つのか　首相は除名処分を決断せよ」
日本経済新聞「『決める政治』の道筋を示した3党連携」

どこも消費税増税を受け入れていた。

軽減税率適応を求める大新聞の矛盾

しかし、消費税増の影響は、各紙が想定した以上に大きかった。2014年第3四半期もGDP成長率はマイナスを記録した。普通、2四半期連続でマイナスになれば、金融市場では「リセッション」(recession：不況)と呼ぶ。消費税増税で日本は再び不況に突入してしまったのだ。しかし、ほぼどのメディアも「不況」という言い方はしなかった。

消費税増税の影響はその後も続いた。はなから機能しないアベノミクスの下では、どんな増税も不況を招く。2014年のGDP成長率は年間をとおしてマイナスになり、2015年になっても回復しなかった。

しかし、大メディアは、2017年4月の消費税再増税(8%→10%)も反対しないうえ、日本経済が不況であることを伝えない。大新聞から見ると、日本経済は不況ではないのだ。日本の全産業が苦境に喘《あえ》いでいるように、年々、新聞部数は落ち、新聞社の経営もどんどん悪化しているというのに、なぜ目の前にある現実を認めないのだろうか?

2017年の消費税再増税を前にして、大新聞がもっとも関心があるのが、「軽減税率」である。新聞をはじめとする出版物を食料品などと同じように、税率の適応外にしろと政府に要求してきた。このこと自体を私は批判しないが、増税を容認しながら自分たちだけそれを逃れようとするのは、やはりおかしいのではないか。

２０１４年、朝日新聞は「従軍慰安婦」の虚偽報道と「吉田証言問題」で信用が失墜し、12月26日に釈明記者会見を開いた。このとき、新聞の体質をさらけ出す信じ難いことが起こった。

なんと、読売新聞記者が、会見内容とまったく関係ない消費税増税に関する質問をしたのだ。「御社も加盟している日本新聞協会だが、消費税率の引き上げ問題に関連して、10％引き上げ時に軽減税率を導入するよう求めている。一方、御社の社説では軽減税率導入に慎重な考えを示している。今回の見解と取り組みに関わってくる、このような経営にかかわるテーマの場合、取締役会に諮って論説、報道の内容を決定することになるのか」

この質問は単なる業界の関心事に過ぎない。読者無視だ。読売記者は社の方針にそって、上司に覚えめでたい質問をしただけである。軽減税率を求める日本新聞協会のなかで、その中心となっている読売新聞は、増税には絶対反対しない。財務省の意向とともに記事を書いていると言っていいだろう。

新聞社の経営を直撃する消費税増税

現在、日本の新聞の部数は下降を続け、いったいどこまで落ちるのか予測がつかなくなっている。新聞の部数は日本ＡＢＣ協会が毎月発表しているが、２０１５年8月の大新聞の部数は、次のとおりである（カッコ内は前年同月比）。

朝日新聞　６７８万３４３７（▲46万８８４０）
読売新聞　９１０万１７９８（▲13万２０４６）
毎日新聞　３２４万８３９３（▲５万５４３０）
日経新聞　２７２万６５６１（▲３万７４２２）
産経新聞　１５９万９１２７（▲１８６５）

朝日が約47万部、読売が約13万部落としているが、このなかには約3割に上るとされる「押し紙」（販売店に配送されるが実際には破棄される新聞）はカウントされていない。したがって、ＡＢＣ部数は実売部数とは言えないのだが、それでも部数から見た日本の新聞の影響力は大きい。中央紙（朝日、読売、毎日、日経、産経）と地方紙合わせて約４０００万部もあるからだ。さらに、ほとんどの新聞社は、その配下に系列のテレビ局を持っている。

こうしたメディアの構造を理解すれば、政府にとっては、新聞社をいかにコントロールするかが、日本の世論を誘導するための鍵となる。安倍首相がメディアの幹部と会食を繰り返し、政府広報費を惜しみなくつぎ込んでいるのはこのためである。

２０１６年1月からマイナンバー制度が始まったが、マイナンバーを使って登録される買い物記録から、軽減税率が適用される商品を割り出し、事後還付する案に対しても、当初、大新聞はことごとく反対した。

もちろん、この財務省案は使い勝手が悪いので反対するのは当然だが、新聞には新聞なりの反対理由がある。それは、新聞読者が高齢化したため、スマホやパソコンなどＩＴ端末に習熟していなければ税の還付を受けられないからだ。

いずれにしても、消費税の増税は新聞経営を圧迫する。前記した「押し紙」に対しても消費税がかかるために、その負担はかなりのダメージになる。ジャーナリストの河内孝氏が『新聞社』（新潮新書、２００７）のなかで試みた試算によると、消費税の２％のアップにより、読売新聞は約１０９億円、朝日新聞は約90億円の負担増となっている。

このような新聞社の苦境を政府が逆手にとれば、政府は新聞社の言論をコントロールすることができることになる。もし、新聞社が徹底した反政府的報道をしたならば、新聞社にとっては致命的となる軽減税率の適用は不可能になる。

だから、大新聞は消費税の増税に反対せず、自分たちだけ減税措置を受けようとする矛盾した行動を取るのだ。

ネットメディアが「洗脳報道」をタダで垂れ流し

新聞などの伝統的メディアが苦境に陥っているのを尻目に、ネットのニュースメディアは躍進している。しかし、ここには一部を除いてジャーナリズムはないばかりか、「洗脳報道」をかえって助長させている。

なぜなら、多くのネットメディアは、単なる配信サービスにすぎず、ニュースを新聞社などの既存メディアの記事を安い値段で買い叩いて掲載しているだけだからだ。最近は、自前で取材した記事を配信しているところもあるが、ほとんどはキュレーションもせずに配信し、アクセス数を稼いで広告収入を得ている。

これは、本来なら伝統的メディアが得るべき収入の横取りである。しかし、ネットが進展し、スマホが行き渡ってしまった以上、伝統メディアとしても背に腹は替えられない。少しでも収入を上げるために、ネットメディアに記事を提供するしかない。

こうして、若い層はネットメディアに集中し、政府とメディアによる〝印象操作〟の洗礼を受ける。しかも、ネットメディアはタダなのだから、この流れは止まらない。さらに、ネットでニュースを読む若者たちは、ほとんどが見出しだけを追いかけ、記事の中身まで吟味しない。

ここで、既存メディアで長年仕事をしてきた立場から言わせていただくと、現場の記者はそれでも良質な記事、公共性の高い記事、徹底した調査報道記事を書こうと努力している。しかし、それに対する見返りは年々減っている。

現在、日本ではポータルサイトとしては「ヤフー」が圧倒的にアクセス数を稼いでいる。つまり、ヤフーが報道対価に対する価格支配力を持っているので、ほぼすべてのネットメディアはヤフーに追随して、記事の配信料を設定している。スマホを中心に躍進している「グノシー」にしても「ニュースピックス」にしても、無料モデルであるかぎり同じだ。

新聞社はこれまで、ネットメディアに対し何回も記事の配信料を上げる交渉を繰り返してきた。しかし、それが成功したことはほぼない。ネットメディアでは、既存メディアが提供する記事に広告が貼られ、読者の行動がターゲティングされ、その結果、読者の興味にマッチした記事ばかりが配信されるという状況が進んでいる。もはや、新聞のような既存メディアが単独でネットメディアに対抗しようとしても不可能な状況になっている。

安倍政権は過去のどんな政権よりも、ネットを活用して情報発信している。その中枢は内閣広報室で、そこでは各府省庁と連携しつつ、首相官邸HPなどのほか、ソーシャルメディア(Twitter、Facebook、LINEなど）を活用した情報発信が行われている。しかも、そこには、電通、ヤフー、NTTなどから社員が派遣されている。

このようなメディアの構造のなかでは、多くの国民がアベノミクスのフェイクストーリーを信じてしまうのも無理もない。

「3％増」ではない。本当は「増税率160％」

さて、話を消費税に戻す。前述したように大新聞は、当初、増税が3％だからたいしたことはないと主張していた。これはじつは、彼ら自身の感覚から来たものでもある。

なぜなら、メディアとそれにコメントを出すエコノミストたちの収入は一般国民に比べたらはるかに高いからだ。いくら、既存メディアの経営が苦しくなっているといっても、社員の給料は一般企業に比べたらまだまだ高い。

とくにテレビ局（キー局）は、40歳の平均年収で1500万円を超えるところがほとんどである。大手新聞社はやや落ちるが、大手でいちばん給料が高い朝日新聞は約1300万円である。

消費税は逆進性が強く、年収が低い世帯ほど負担が増す。増税前に第一生命経済研究所が試算したところによると、2015年の負担増は日本人の平均年収である年収450〜500万円世帯で年間21・6万円（年収比4・8〜4・3％）、年収1250〜1500万円世帯では37・6万円（年収比3・0〜2・5％）となっていた。

年収が多ければ消費税の負担は少なくなるのだから、大手メディアの記者が、消費税3％増を「たった3％」と考えたとしても不思議ではない。

しかし、3％増は「たった3％」ではない。これは数字の見かけ上のトリックだ。数字は嘘をつかないと誰もが思うが、じつはそうではない。5％から8％というのは、たしかに3％だが、倍率で見れば1・6倍である。つまり3％の増税というのは、1・6倍も上げるわけで、増税率は160％となる。

そこで思うが、メディアが「3％増税」を「増税率160％」と正しく報道していたら、はたしてどうなっていただろうか？

もっと具体的に言えば、たとえば消費税が5％だったとき、税金を10万円払っていたとしよう。それが8％になれば、16万円払わなければならないということになる。100万円なら160万円、1000万円なら1600万円である。高額所得者にとって1・6倍の負担増はそれほどでもないが、一般の人間の生活にとっての1・6倍の負担増はかなりの痛手である。また、多くの中小企業はこの負担増に耐えられない。

国税庁が公表した2014年度の税金の滞納状況によると、消費税の新たな滞納額は約3294億円と前年度から、なんと17％も増えた。所得税や法人税の滞納額は逆に減っているので、いかに増税の影響が大きかったかがうかがい知れる。

滞納者の多くが中小の小売店やメーカーなどの下請け事業者である。これらの事業者は、売値に増税分を転嫁（上乗せ）できない場合、税が免除されるわけではないので、自腹で納税しなければならない。しかも、小さな事業者ほど、仕入れ値が増税で高くなっても、客離れを恐れて値上げできないケースが多く、自腹納税額が増えて滞納せざるをえなくなってしまったのだ。

御用学者と呼ばれる人々、エコノミストも、増税の痛手を軽視した。たとえば、伊藤隆敏・東京大学名誉教授は消費増税に伴う景気の落ち込みは軽微として、「増税とデフレ脱却は両立する」と主張した。吉川洋・東京大学教授は「政府は少しでも先送りしていると思われることをすべきでない」と発言した。彼らの論理は、「増税＝税の増収＝財政再建」で首尾一貫していたが、現実の国民生活を考慮していなかったと言えるだろう。

それなのに、２０１７年4月、この国ではふたたび消費税の増税が行われる。次は8％から10％へ「2％の増税」だが、上述したようにそれは2％増ではない。「１２５％増」である。５％のときからは倍に当たる「２００％増」である。

「年金の破綻を防ぐ」という最強の理屈

ではなぜ、消費税率を引き上げなければいけなかったのだろうか？　御用学者と呼ばれる人々、エコノミスト、大新聞などが主張したように、財政再建のためだったのだろうか？

近年の消費税率の引き上げ論議は、じつは年金財政の逼迫からスタートしている。2004年、厚生労働省は、2100年度までの年金財政の貸借対照表を試算し、「2100年度までに必要となる年金給付額740兆円のうち、厚生年金で430兆円、国民年金でも50兆円の財源が不足している」と発表した。

使われたのは、2003年度の基礎年金部分の給付総額16兆円。これをもとに、全額消費税でまかなった場合どうなるか？　としたら、6・6％の引き上げが必要という結論が出た。ここに、高齢化の進展が加味され、給付総額は増え続けるので、2025年度には7・8％、2050年度には10・7％が必要になるという結論に達したのである。

この結論を大歓迎したのが、財務省だった。増税したくて仕方がない財務省は、増税できるならどんな理屈にでも飛びつく。数ある理屈のなかで、「増税しなければ年金が破綻する」というのは、国民を説得するための最強の理屈である。こうして、消費税増税は、「年金の破綻を防ぐ」→「国民の福祉のため」（社会保障のため）となり、正当化されてしまった。そして、ここに「財政再建のため」という大義も加わった。

しかし、消費税増税というのは単なる増税であって、政府が使えるおカネを増やすということにすぎない。国民が稼いだおカネの政府への移転だ。およそ世界中の先進国家のなかで、社会保障の目的税として消費税を充てている国など一つもない。

なのに、この理屈を信じ込んだ民主党の野田佳彦という首相がしなくてもいい「不退転の決意」を表明し、増税を決めてしまったのである。

直接税より取りやすい間接税で取る

よく知られているように、税金には税金の負担者と納付者が一致する「直接税」と、税金の負担者と納付者が異なる「間接税」がある。直接税の代表は法人税や所得税で、間接税の代表が消費税と言っていい。この直接税と間接税が大きく違うのは、間接税が国民全員に平等にかかってくることだ。お金持ちも低所得者も、モノを買えば同じ率の税金を払う。1万円のモノを買った場合、消費税が10％と仮定すると1０００円を払うわけだが、お金持ちの1０００円と低所得者の1０００円では、所得全体に占める割合が違う。お金持ちの1０００円はたいした負担ではないが、低所得者の1０００円は大きな負担だ。

これを消費税の「逆進性」と言い、直接税では「累進性」（所得の多い人間ほど多く負担する）になっているため、この高負担感が軽減できる。

しかし、直接税の増税には無理がある。それは、特定の分野が狙い撃ちになるため、大きな抵抗があるからだ。そこで、国民全員が等しく負担するという消費税が増税のターゲットとなったのである。「国民全員が等しく負担する」と言えば聞こえはいいが、要は「取りやすいところから取る」ということ。消費税ほど簡単に徴収できる税金はない。

こうして、御用学者から政治家、メディアまで、「日本は高福祉国家を維持するために、他の先進国のように直接税中心の税制から間接税中心の税制へ移行すべきだ」と唱えるようになった。

こうしたムードに追い打ちをかけたのが、IMFである。2013年8月、IMFは日本経済の分析や政策提言をまとめた年次審査報告書を公表した。それによると、「アベノミクスが成功するためには、より具体的な成長戦略と信頼できる中期の財政再建策が不可欠」とし、日本政府に増税を勧告した。かねてからIMFは、日本の消費税を15%まで引き上げろと勧告しており、その勧告を踏襲したのだった。

しかし、IMFには日本の財務省の人間が出向している。つまり、IMF勧告は、ある意味で財務省の意向なのである。

消費税率10%は単なる通過点に過ぎない

このように振り返ると、消費税増税にいたるプロセスの議論が、いかにデタラメだったのかがわかる。単に政府（=自分たち自身）が使えるおカネを増やそうと増税を画策した財務省とその役人たち、その役人たちの理屈をそのまま鵜呑みにして「影響は軽微」とした有識者やエコノミスト、そして、それを垂れ流し報道したメディア、さらに消費税増税を実行した政治家たちは、国民生活などまったく考えていなかった。

しかも、いまだに「増税しないと国際的信認が失われる」などと言っている。IMFはともかく、どの国もほかの国の消費税などにまったく興味を持っていない。日本のような先進国(?)において、増税はきわめて国内だけの問題だ。

ここで話をさかのぼらせると、2008年10月に経団連は「税・財政・社会保障制度の一体改革に関する提言」をとりまとめた。このとき、それまでの「2015年度までに消費税を10%にする」という目標に加えて、新たに「2025年度までに17%」という目標が加わっている。ということは、日本の財務省は、政府歳出を抑制して、「小さな国家」にするなどということは眼中にないのである。

おそらく、このままいくと、東京オリンピックが開催される2020年には消費税率はさらに上がっている可能性もある。2025年には間違いなく、10%ではすまなくなっているだろう。

ところで、消費税による歳入が本当に社会福祉目的に使われるかどうかはわからない。その保証はない。アダム・スミスは国債を将来的には国民が負担するので、「税金手形」であると述べている。そこで、現在の国債利払費を見ると約10兆円である。これは消費税に換算してみると５％になる。つまり、私たちはすでに消費税を13％（８％＋５％）も払っているのと同じなのである。

とすれば、消費税率を多くの欧州諸国のＶＡＴ（付加価値税）と同じく20％まで引き上げるとすると、どうなるだろうか？

年収３００万円以下の若年世代で年約40万円、年収５００万円の中年サラリーマン世代で年約60万円の負担増になるという試算がある。これでは、一般国民の生活は崩壊してしまうだろう。

まさに、「苛政《かせい》は虎よりも猛なり」（重税による悪政は人を食い殺す虎よりも恐ろしい）である。

第7章

なぜ給料が上がらなかったのか？

「着実に稼ぐ企業」という表現の不思議

アベノミクスが進行するなかで、メディアが進んで〝印象操作〟をしてきたことが二つある。一つは企業業績の改善、もう一つは賃金のアップである。

まず、企業業績だが、どの新聞も「業績改善」「増収」「過去最高益」というような見出しで、これを報道してきた。だから、見出しだけを見ると、アベノミクスでたしかに日本企業の業績は上がり、経済は好調になってきたように一般国民は思ってしまう。

たとえば、次の日本経済新聞記事「上場企業の7割、経常増益　4〜6月、円安・訪日消費追い風　中国景気は懸念」(2015年8月3日付朝刊)は、きわめて正しい報道をしていたが、それでも〝印象操作〟は否めなかった。

《上場企業の2015年4〜6月期決算は、発表を終えた企業のうち7割が前年同期比で経常増益となった。自動車や電機大手は北米販売の伸びと円安が追い風で、小売りなど内需企業は訪日外国人による消費の恩恵を受けた。中国景気の減速は懸念として残るが、国内外の収益機会をとらえ、着実に稼ぐ企業の裾野が広がっている。

7月末までに決算を発表した3月期企業(金融など除く)596社を対象に集計した。時価総額で全体の半分強を占める。前年同期と比べて経常利益（米国会計と国際会計基準は税引き前利益）は28％増え、純利益は29％増えた。》

この後、この記事は企業の好業績の理由が主に三つあるとし、北米需要の拡大、円安、訪日客によるインバウンド消費を挙げていた。北米需要の拡大の恩恵を受けた例として自動車産業を挙げ、《日産自動車は北米の販売台数が過去最高となり、４～６月期として最高益を更新した》としていた。

次の円安でも自動車産業の例を挙げ、《円安・ドル高が利益を５００億円強押し上げたホンダは「為替（円安）のおかげで収益は計画を上回るペース」（岩村哲夫副社長）という》と書いていた。さらにインバウンド消費の例として資生堂を挙げ、《免税対応店で美容液や日焼け止めなどがよく売れ、国内売上高は２割増えた。「増収額の６割がインバウンド効果」（直川紀夫執行役員）》としている。

そうして、最後に中国経済の不振から業績を悪化させたファナックとコマツの例を出して記事を終えていた。

為替差益は「儲け」でも「稼ぐ力」でもない

では、この記事のどこが印象操作だろうか？

一つは、好業績なのが、自動車産業のようなグローバル展開している大企業や中国人観光客の爆買いの恩恵を受けた国内企業だけにかぎっていることで、それ以外の内需依存型の国内企業、中小企業のことはまったく書かれていなかったことだ。たとえば、中国人の爆買いの恩恵のないイトーヨーカ堂、イオンなどの業績は悪化し、イトーヨーカー堂は店舗の2割を削減すると、この記事と同時期に発表していた。

もう一つは、《国内外の収益機会をとらえ、着実に稼ぐ企業の裾野が広がっている。》というような表現を平気で書いてしまっていたことだ。

はたして日本企業は「稼ぐ力」を身に付け、それによって国内外で稼いできたのだろうか？自動車産業が北米で好業績を上げたのは、アメリカ経済が好調になったこともあるが、円安で見かけ上の売上高や利益が増大したからにすぎない。また、インバウンド効果は、円安のために中国人観光客が一気に訪日するようになって爆買いをしたからで、国内企業がなにか新しいヒット商品や製品を開発したせいではない。つまり、「稼ぐ力」というような表現はおかしい。単に「円安で見かけ上の業績が改善した」と書くべきであった。

ここで単純に考えてみてほしい。たとえば、いくら円安になっても海外で１００ドルで売ったものは１００ドルのままである。そのうち儲けが10ドルなら10ドルのままである。その儲けの10ドルを円に交換するとき、為替差益が発生するだけだ。

はたして為替差益が儲けであろうか？　企業の稼ぐ力であろうか？　円に換えた差益をもう一度ドルに換えてみれば、10ドルのままだ。

このように、ドルという基軸通貨から見れば、日本企業の業績は改善などしていないのである。

ここ数年、どう見ても日本企業は、イノベーションを起こしていないばかりか、稼ぐ力を落とし続けている。とくに日本の「ものづくり産業」は、苦境に喘ぎ続けてきた。ソニー、シャープは没落し、生き残ったパナソニックは家電から手を引いてB to Bに業態を転換してしまった。東芝は苦し紛れの挙句に、粉飾決算に手を染めてしまった。

そんななかにあって、自動車産業だけが元気だっただけではないだろうか。とくに、21世紀の主役であるＩＴ産業は、現在、完全にアメリカ企業の手中にある。マイクロソフト、アップル、グーグル、アマゾン、オラクル、フェイスブックと、企業名を挙げていくまでもないだろう。

日本のＩＴ産業は、その後追いをしているだけにすぎない。

過去最高の利益を上げたのに販売台数減

アベノミクスは、たしかに円安を加速させた。アメリカは日本の円安政策を容認した。1985年のプラザ合意とは真反対の「逆プラザ合意」があったとも伝えられている。円安になれば、輸出企業は為替差益の恩恵を受けて、業績が上がる。海外での販売価格が下がるから、モノは売れるようになると言われた。しかし、輸出額は増えたが、輸出数量は増えなかった。

つまり、製品価格が安くなっても日本企業のモノは売れなかった。数量が増えて儲けが出たわけではなく、単に円安による為替差益が増えただけで終わってしまったのだ。

しかも、日本のものづくり産業の柱である自動車産業は、いまや日本から製品を輸出する輸出産業とは言えなくなっている。消費地で生産して販売する「地産地消」型になっている。自動車産業ばかりではない。多くのものづくり企業が日本を出ていき、日本国内では産業の空洞化が進んできた。

その結果、日本の貿易収支は赤字が恒常化するようになり、その赤字を所得収支の黒字が補って、経常収支の黒字をもたらすという構造に変わってしまった。

ここで自動車産業の雄トヨタの例を挙げてみたい。

【図表2】トヨタの営業利益と世界販売台数の推移（四半期ベース）

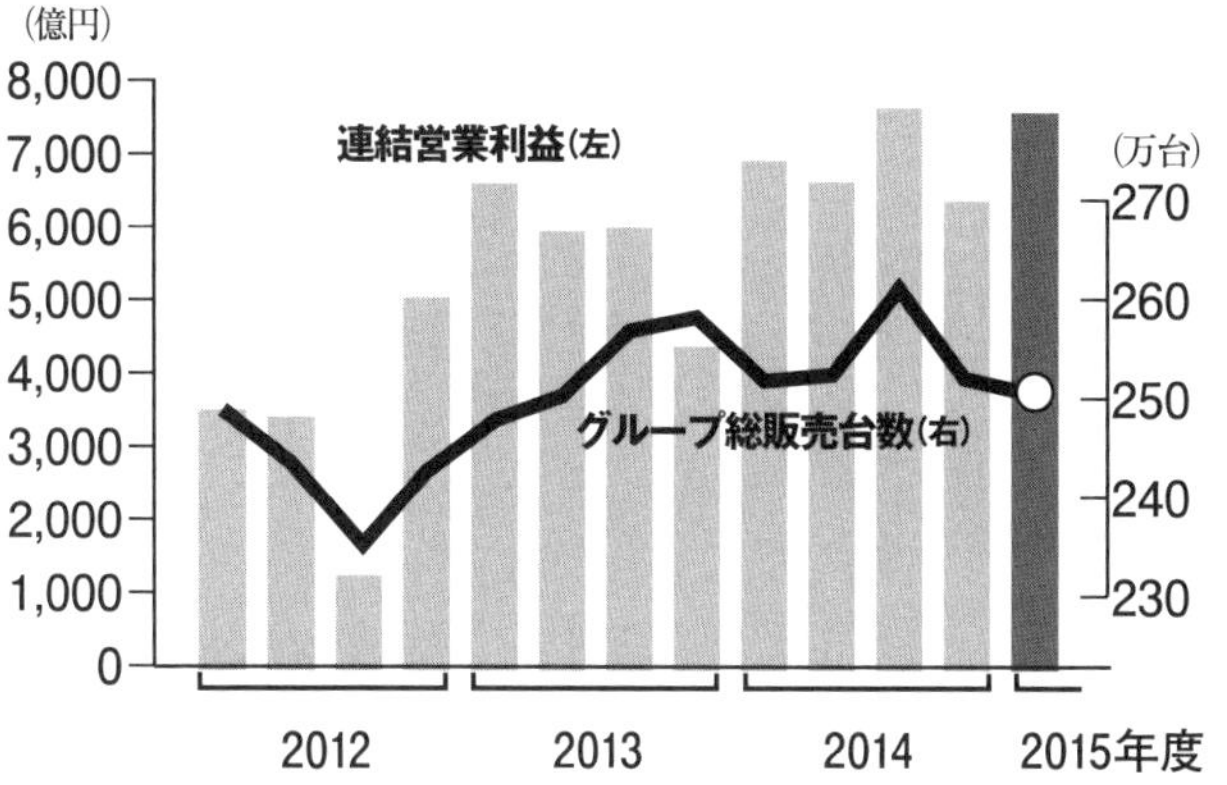

トヨタは、リーマンショック直後の赤字転落を乗り越え、その後、世界一の生産・販売台数を実現させた。そして、２０１５年３月期連結決算（米国会計基準）では、ついにリーマンショック前を超える過去最高益となる営業利益２兆７５００億円を計上した。

トヨタの好調ぶりはその後も続き、２０１５年４〜６月期連結決算では、営業利益が前年同期比９・１％増の７５６０億円となり、４〜６月期として２年連続で過去最高を更新した。また、売上高は９・３％増の６兆９８７６億円と８年ぶりに最高を更新。純利益は10・０％増の６４６３億円と、３年連続で最高となった。

上の**【図表２】**が、トヨタの営業利益と世界販売台数（ダイハツ工業、日野自動車を含む）の四半期ごとの推移だが、これを見ると、過去最高の営業利益

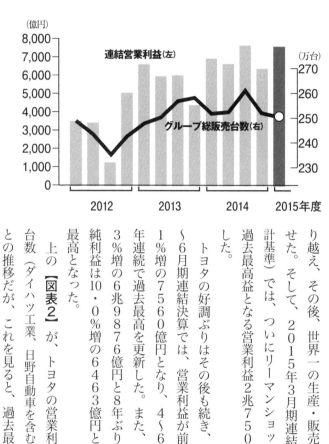

【図表3】自動車メーカー上位8社の国内販売台数（2015年上半期）

順位	メーカー名	国内販売台数	（前年同期比 %）
1	トヨタ自動車	76万3875台	(▲8.7%)
2	ホンダ	39万4427台	(▲17.9%)
3	スズキ	34万0941台	(▲15.6%)
4	ダイハツ工業	33万1927台	(▲13.4%)
5	日産自動車	32万6880台	(▲15.6%)
6	マツダ	13万9109台	(14.5%)
7	富士重工業	8万7846台	(0.3%)
8	三菱自動車	5万3442台	(▲27.0%)

を上げているにもかかわらず、販売台数は減っている。

２０１５年上半期（1～6月）のトヨタ世界販売台数は、前年同期比１・５％減の５０２万２０００台である。これは、独フォルクスワーゲン（ＶＷ）の上半期の世界販売台数５０４万台をわずかに下回り、上半期では４年ぶりの首位からの陥落だった。

では、なぜ販売台数が減ってしまったのか？

それは日本市場の落ち込みがあまりにも大きかったからだ。２０１５年上半期のトヨタグループの海外販売台数は１・２％増の３８９万台。これに対して、国内販売台数は９・７％減の１１２万台と大きく低迷した。これはトヨタだけの話ではない。日本の自動車産業はいまや国内市場の落ち込みで、海外市場に依存するしかない状況になっている。

上の**【図表３】**は、２０１５年上半期の自動車メーカー上位８社の国内販売台数だが、マツダと富士重工業以外は前年同期比で大幅に販売台数を減らしている。

海外進出企業は日本に税金をほとんど払わない

日本企業は2000年代に入ってからは、生産拠点をどんどん海外に移すようになった。そうしなければ生き残れないからで、これは企業行動としては自然なことである。

その結果、2013年度時点で日本企業の海外現地法人は2万3000社を越えた。

ところが、海外の現地法人と日本国内の企業との取引はほとんど増えていない。これは、企業活動が「地産地消」型になり、現地で調達して、現地で生産して、現地で販売するのが主流となったからだ。

それでは、こうした日本企業の行動を国家の収入である税金という側面で捉えるとどうなるだろうか？

まず、国内では空洞化が進んだので、法人税収入が減った。次に、海外現地法人は進出先の国家に税金を納めるので、その分の税金も日本には入ってこなくなった。たとえば、日系企業はいまや海外で550万人にもおよぶ現地の労働者を雇用しているが、彼らの給料にかかる所得税は日本に入ってこない。海外現地法人は日本の親会社にライセンス料や配当金を払うだけになった。

しかも、これには2009年から始まった外国子会社配当益金不算入制度によって5％課税されるだけである。海外現地法人が稼いだ利益は進出国の税制度にしたがって進出国に納税されるので、二重課税を避けるためにこうしたルールが設けられたからだ。

つまり、国内では企業が納める税金が減る、海外現地法人の配当にはほとんど課税されないということになっている。そのうえ、日本からモノを輸出している企業には消費税がかからないという制度がある。

たとえば、トヨタは日本国内では約14兆円の売上があるが、このうちの6兆円を輸出で得ている。しかし、この6兆円のクルマをつくるための原材料購入に際して支払った消費税は還付される。トヨタがある名古屋国税局豊田税務署では、毎年、還付金が納税額を越えている。

このようなことになっているのに、アベノミクスによる円安で企業業績が改善したと喜ぶのはどうかしている。海外進出企業は利益を現地でプールし、日本に戻した為替差益による利益の一部を従業員に回しただけである。

「円安による製造業の国内回帰」報道のウソ

2014年から2015年にかけて円安が進むと、政府の意向を受けて、メディアはさかんに「製造業の国内回帰」という報道をするようになった。一部のエコノミストも、「これで日本経済は回復に向かいます」とテレビで発言するようになった。安倍首相も御満悦で「のづくくりが日本に回帰しつつあります」「雇用がもっと増えます」と、胸を張って言うようになった。しかし、これらはすべてマヤカシだ。なぜなら、ものづくり産業が恒久的に日本に回帰してきたわけではないからだ。

２０１４年半ばから２０１５年初めにかけて、朝日、読売、日経などの大手新聞はどこも、パナソニック、シャープ、ホンダ、ＴＤＫ、ダイキン工業などの日本のものづくり産業が、これまでの中国中心の海外展開を見直して、国内回帰する方向だと伝えるようになった。しかし、よくよく見れば、パナソニックは中国の生産ラインを静岡県袋井市や神戸市の工場に移転。また、シャープは栃木県矢板市や大阪府八尾市の工場に移転するということにすぎなかった。しかも、シャープは２０１５年半ばには中国企業との取引が激減したことで、一気に倒産の危機に瀕するようになった。

日本企業は本格的に国内回帰をしようとはしていない。円安と海外の人件費の高騰を考慮して、まずは既存の国内工場を再活用するリバランスをはかったにすぎない。アベノミクスが目論んだように、国内の設備に再投資しようなどというお目出度い企業はほんのわずかにすぎない。

そんなことをしたら、このグローバル競争時代に命取りになる可能性が高いからだ。一時的な為替の動きによって、長期的に雇用、償却を要求される新工場をつくる企業はほぼない。もちろん、円が恒常的に1ドル150円になればありえなくもないが、そのときは輸入原材料が高騰してしまうというジレンマがある。

名目賃金より実質賃金のほうが大事

結局のところ、「企業業績がよくなればいずれその恩恵が給料に反映される、景気回復には遅れるが給料は必ず上がる」というのは、よくできたウソである。

2015年の春闘では、業績の大幅改善を受けて、トヨタがベア4000円、日産が5000円アップさせたほか、電機も一律3000円のアップを実現させた。しかし、これは政府のきつい要求に、しぶしぶ企業が応じた結果だ。企業のホンネは、「政府がそう言うなら、為替差益ぐらいは還元しておこう」である。

しかし、メディアはこれを「過去最高決着」と報道して、あたかも景気が回復したように見せかけた。しかし、それからしばらくたった8月4日、厚生労働省が発表した6月の毎月勤労統計（速報値）は、従業員1人当たりの現金給与総額が、前年同月比で2・4%マイナスの42万5727円に減っていた。

この現金給与総額の減少の理由を日経は、「夏のボーナスを6月に支給する企業の割合が下がったのが響いた」「厚労省は7月にボーナスを支払った企業が多い点を踏まえ、『6～8月の状況を総合的に判断する必要がある』としている」と報道した。これは、政府の言い分をそのまま伝える垂れ流し報道の典型例である。意図的に事実を隠していた。

なぜなら、現金給与額の減少は名目に過ぎないからだ。いくら7月にボーナスを払う企業が多いとはいえ、実質賃金には大きく影響しない。重要なのは、給料が物価上昇を加味した実質ベースでどうなったかという実質賃金である。

そのマイナスは、なんと２・９％。この時点で、給料生活者は1年前より、２・９％も貧しくなっていたのである。

「実質賃金2カ月連続のプラス」のマヤカシ

日本経済新聞は英国の経済紙『フィナンシャルタイムズ』を買収したにもかかわらず、アベノミクスをほとんど批判しない。これまで、ずっと政府寄りの報道を続けてきた。

ところが、『フィナンシャルタイムズ』のほうは、アベノミクスの第2ステージを徹底的に批判した。

口先だけの「新3本の矢」に関して、「期待外れだ」とバッサリ切って捨て、従来の3本の矢が機能していないにもかかわらず、「(3本の矢の) 明確なメッセージをわかりづらくするものは、目標を台無しにする恐れがある」とエディトリアル欄で、完全にこき下ろした。

そんななか、2015年10月5日、厚生労働省は8月の毎月勤労統計調査（速報値）を発表した。それによると、実質賃金指数は前年同月より0・2％増えていたので、日経ほか各紙は、またも「2年3カ月ぶりのプラス転換となった前月に続き2カ月連続のプラス」と、さも賃金が上がったように報道した。

しかし、この賃金のアップを享受できるのはグローバル展開する大企業サラリーマンだけで、国内の中小企業サラリーマン、非正規労働者はカヤの外である。また、消費税をはじめとする各種税金、社会保険料が上がったことを考えると、本当はものすごいマイナスである。

実質賃金は物価が上昇し、その伸びに賃金上昇が追いつかなければたちまち低下する。そこで、物価の動向を改めて見ると、日銀が目標とするインフレは起こらず、物価は低下し続けていた。たとえば2015年7月は0・3％の低下である。これは、ガソリンなどエネルギー価格が0・8％以上も下がったからだ。となると、実質賃金は報道どおり上昇したことになるが、本当はそうではない。

なぜなら、生活に直結する食料品などの生活関連品は1％も上昇していたからである。

ということは、クルマを持たない人にとっては、物価が上がったのに賃金が上がらないということが起こっていたわけで、生活は苦しくなる一方である。いまの、若者はマイカーをほとんど持たないから、この直撃を受けてしまっている。

第8章

失業率は改善し　雇用は増えたのに消費低迷

数字のトリックにすぎない失業率改善

アベノミクスの成果として、安倍首相は失業率の低下と雇用の増加を強調してきた。たしかに日本の失業率は３％台に改善された。また、雇用も１００万人ほど増えた。

内閣府のＨＰには、堂々とこの数字が記されている。とすれば、日本は好景気になってしかるべきだ。一般的に失業者が減り、雇用も増えれば、それは景気がよくなったからだと解釈されるからだ。

しかし、こうした数値は、実態を反映していない。なぜなら、日本の失業率はもともと低くなるように計算されており、雇用も非正規雇用が増えただけだからだ。

アベノミクスが始まる前、２０１２年の失業率平均は４・３％だった。これに対してアメリカは９％台、フランス、イタリアなどの欧州諸国は10％を超えていた。すでにこの時点で日本の失業率は欧米の倍以上だった。なぜ、こんなにも差があったのだろうか？

それは、日本の失業率の定義が欧米諸国とは違うからである。日本の失業率の定義は次のようになっている。

失業率＝完全失業者数÷（就業者数＋完全失業者数）×１００

ここで言う「完全失業者」とは、次の3つの条件を満たす者とされている。

1、仕事がなくて調査週間中に少しも仕事をしなかった（就業者ではない）
2、仕事があればすぐ就くことができる（選り好みは許されない）
3、調査期間中に、仕事を探す活動や事業を始める準備をしていた（過去の求職活動の結果を待っている場合を含む）

ということは、日本における完全失業者とは働く能力と意志があり、しかも本人がハローワークに通うなど実際に求職活動をしているにもかかわらず、就業の機会が社会的に与えられていない失業者のことを指す。つまり、仕事探しを諦めてハローワークに行かない人はカウントされない。

さらに、以下の項目に該当する人は、厚生労働省が定義する失業者とはならない。

・1週間のうち、1日でも働いて賃金を得た者
・家事手伝いを行っている者

・求職意欲を失った、仕事に就くのを諦めた者（ニートなど）
・雇用調整助成金で企業内失業となっている者
・不労所得が十分にあって働く意志・必要がない者

「人手不足」はなぜ起こったのか？

この「失われた25年」の間、日本の求人数は減り続け、「どうせ就職できない」とあきらめる人が増えた。また2000年ごろからは、社会問題化した「パラサイトシングル」や「ニート」などが増えた。こうした背景と失業者の定義の違いから、日本の失業率はもともと低く抑えられてきたのである。それなのに、たったコンマ数％の改善で失業率が下がったと言えるだろうか？

次が、欧米主要国の失業率の定義だが、どこも日本より緩い。幅広く失業者を定義している。

アメリカ：（1）調査期間中にまったく就業せず、（2）その週に就業が可能で、（3）過去4週間以内に求職活動を行った者。

イギリス：（1）調査日において仕事がなく、（2）かつ就業可能なもので、（3）失業給付事務所に手当を申請している者。

ドイツ：（1）仕事がなくて（2）調査日に雇用事務所に求職登録している者で、（3）有給雇用を希望し、（4）就業可能な者

フランス：（1）仕事がない者のうち（2）就業が可能で、（3）かつ常用雇用を希望する者で、（4）国家雇用庁に求職登録した者

カナダ：（1）調査期間中にまったく就業せず、（2）その週に就業が可能で、（3）過去4週間以内に求職活動を行った者（ただし4週間以内の就業が内定している待機者を含む）

こうした欧米諸国の基準を当てはめれば、日本の失業率はもっと上がるだろう。とくに、若者の失業率はもっと上がるはずだ。

ところが、2014年になると、「人手不足」が深刻化するようになった。実際、飲食店や工事現場では働き手が集まらなくなった。これを一部メディアは、「景気がいいから」と報道したが、本当は真逆だ。景気が悪いから人手不足が起こったのである。

第7章で述べたように、給料は一部大手企業を除いて上がっていない。それは、給料（人件費）はコストであるから、会社の経営を考えると上げられないからである。つまり、人手不足というのは、給料が上げられない企業で働く「低賃金労働者」がいなくなってしまったから起こったのである。単純に人手が足りないのではない。もし、人手がどうしてもほしいのであれ

ば、賃金を高くして募集すればいい。しかし、そうできないのは、実際には需要がなくて売上が上がらないなかで、さらにコストをかけられないからだ。賃金を引き上げると、人件費コストが損益分岐点を超えてしまう。そうなると、ビジネスモデル自体が崩壊してしまう。

急に言われ出した〝ボリュームゾーン不況〟

売上が上がらず、かといって人件費を上げられないジレンマのなかで、多くの小売業が店舗の縮小、閉店に追い込まれるようになった。たとえば、ヤマダ電機は2015年5月に46店を閉店したが、その後も11店舗の追加閉店に追い込まれた。私が主に仕事している出版界でも、中小書店は月に100店ペースで閉店している。

このような閉店で目立つのが、全国展開している飲食チェーンである。たとえば、マクドナルドは業績低下に歯止めがかからず、2015年4月に全国で131店舗を閉鎖すると発表した。ワタミも2016年3月までに85店舗を閉店する。

アパレル業界も閉店が相次いでいる。「タケオキクチ」や「アンタイトル」などのブランドを抱えるワールドは、全店舗の約15%に当たる400~500店の閉鎖と人員リストラを発表。TSIホールディングスは、子会社のプラネットブルージャパンなどの解散と、東京スタイルやサンエー・インターナショナルの9ブランドを廃止すると、2015年5月に発表した。

ヤマダ電機をはじめとする家電量販業界、ファミレス、ファーストフードなどの飲食業界、婦人服を中心とするアパレル業界、これらに共通するのは、その顧客が一般層、フツーの人々、つまり「中流層」ということだろう。つまり、財布の紐《ひも》を締めて消費をしなくなったのは、中流層であるということが言える。

それで言われだしたのが、〝ボリュームゾーン不況〟である。ボリュームゾーンというのは、マーケティング用語で「消費者の嗜好の最大公約数」、つまり商品がいちばん売れるゾーンである。ここを狙って、これまで日本企業は次々と新しい商品、サービスを開発・提供してきた。しかし、最近は商品・サービスのサイクルが短くなり、人気商品が出ても、そのブームはすぐに終焉してしまい、なかなかロングヒットにつながらない。その結果、マス向けに大量の商品・サービスを提供する家電、スーパー、ファミレス、ファーストフード、アパレルブランドなどは、苦戦が続いているということで、ボリュームゾーン不況という言葉が誕生した。

ボリュームゾーン不況の一つの例として、飲料事業からの撤退を表明した日本たばこ産業（ＪＴ）が挙げられる。これまで、ＪＴでは缶コーヒー「ルーツ」などのヒット商品を生み出してきた。ところが、専業メーカーが新商品を続々と発売すると、年々売り上げが落ちてきた。そこで、とうとう撤退となったわけだが、その原因を「年々商品のライフサイクルが速くなり、体力勝負で勝てなかった」からだと、広告業界、マーケティング業界は分析した。これを受けてメディアも同じような分析記事を出した。

たとえば、「ボリュームゾーンの嗜好が変わった」「消費者が飽きやすくなった」などである。

しかし、こうした分析は見当違いである。

マーケティングでは階層を意識した言葉を使うと消費者に嫌われるから、ボリュームゾーンなどと言っているにすぎない。端的に言えば、この層は中流層のことである。

とすれば、ボリュームゾーン不況の原因は中流層の嗜好が変わったことでも、消費者が飽きやすくなったことでもない。中流層そのものが消滅しようとしているからだ。

社会全体が貧困化し、中流から下流に転落する人が続出して、中流層そのものがなくなりつつあるからだ。

「中流消滅」が消費を落ち込ませている

日本社会はすでに二極化している。わずかなアッパークラスと大多数のロウアークラスの社会になり、ミドルのボリュームゾーンは消滅しつつある。

つまり、〝ボリュームゾーン不況〟などと呼ぶより、〝中流消滅不況〟と呼んだほうがいい。

こうなると、中流、ミドル、平均を意識して開発した商品は当然売れない。「みんなの嗜好の最大公約数はなにか」などというマーケティングは無意味となった。

日本の家計における貯蓄率は年々低下している。すでに、２０１３年度には、とうとうマイナスに転じている。実質賃金も毎月下がり続けている。これで、ボリュームゾーンの消費が伸びると考えるほうがおかしい。

いつの間にかロウアークラスとなったミドルの人々は、あらゆるものの購入に対して慎重になる。よほど話題になったものでなければ、簡単には飛びつかない。だから、ブームも長続きせず、商品サイクルも短くなる。

今後、日本企業はこうしたロウアークラスをターゲットにしたマーケティングをするか、あるいは一部のアッパークラスをターゲットにするかしないかぎり、生き残れないだろう。

ヤマダ電機が象徴する「地方中流層の消滅」

「中流消滅」が顕著なのは、東京のような大都市ではなく、地方である。ヤマダ電機が閉店を決めたのは、ほとんどが地方店である。そこでの売上が激減したからだ。

これは、地方では若者が下流化し、親元を離れて就職・結婚して独立していくというライフスタイルがなくなってきていることを意味している。家電製品は新しい生活を始めないかぎり、ほぼ必要としない。

家電量販店ビジネスは量を売れば売るほどメーカーからの報奨金が入る。それで、さらにデイスカウントして、量を売っていくというビジネスである。つまり、顧客が多くなければ成立しない。

しかも、最近はネット通販がある。消費者は価格比較サイト「カカクコム（価格.com）」で最安値の店を探し、それをネットで買うのが当たり前になっている。もはや人々は量販店に足を運ぼうとしなくなった。

イオンのＳＣ（ショッピングセンター）の地方店、ファミレスなどの苦境も地方や郊外での中流消滅の影響である。

かつて成長していたころの日本では、都心から郊外、地方へと、消費が大きなストリームとなって流れていった。イオンなどの大型ＳＣができ、ロードサイドにはファミレスや量販店などが展開した。しかし、いまやこれは逆回転を始めている。

２０１４年、地方や郊外を離れようとしない「マイルドヤンキー」という若者たちが話題になった。しかし、このマイルドヤンキーたちは、中流消滅のなかで、いずれそうしたライフスタイルを維持できなくなっていくだろう。

このような日本社会の変質に、アベノミクスはまったく目を向けていない。この状態で「１億総活躍社会」をつくる、「地方創生」をやるというのだから、どうやるのかと突っ込みを入れたくなる。

結局、出てくる案は「1億総活躍社会」「ＧＤＰ６００兆円」に向けたさらなる税金のバラまきだけだ。

２０１５年に話題になった地域振興のための「プレミアム商品券」はその典型だろう。これは、需要を先食いしてさらに消費を落ち込ませるだけだ。自民党政権ばかりか、野党も現状認識が足りない。２０１４年暮れの総選挙で、民主党はなんと言っただろうか？

「分厚い中流層をつくります」として、そのために「正社員を増やし賃金を上げる」と言い放った。そんなことを政治的にやったら、日本は中世のような身分社会に逆戻りしてしまうだろう。

ところが、アベノミクスもまた同じような方向を向いている。この国には、国家社会主義者の政治家しかいないのだろうか？

第9章

労働法改正に反対するメディアの欺瞞

なぜメディアは労働法改正に反対するのか？

グローバル競争で日本が生き残っていくためには、国内の規制を大胆に緩和して、社会のシステムを開かれたものにしなければならない。ウチとソトで異なるシステムを維持していてはコストがかかりすぎるばかりか、そのなかで生きる人間を不幸にする。

たとえば、「新卒一括採用・終身雇用・年功序列」という日本企業の雇用慣習は、その最たるものだ。これを維持していくかぎり、私たちの社会から活力が失われていく。なぜなら、これは一種の「身分制度」だからだ。言い換えれば、「階級固定」「格差固定」の差別的な制度である。

その意味で、アベノミクス第1ステージの「第3の矢」はきわめて重要だった。そのなかに、日本人の働き方を変える可能性がある労働法の改正が盛り込まれていたからだ。

労働法の改正の一つ「労働者派遣法改正案」は、2015年9月に国会で成立した。

しかし、多くのメディアがこの法案に反対した。しかも、本質とは違うネーミングまでつけた。労働者派遣法改正法案は、派遣労働者が同じ派遣先の職場で働ける上限を3年とするものだが、これをメディアは「生涯派遣法案」と名付けたのである。さらに、「年収1075万円以上のスペシャリストには残業代を払わなくてよい」とする改正法案を、「残業代ゼロ法案」（「過労死法案」）と名付けた。

こうネーミングされると、一般国民は法案の本質を見失うばかりか、自分たちに不利なものと誤解する。しかし、これらの法案が最終的に目指すところは、将来的な「同一労働同一賃金」であり、「非正規雇用と正規雇用の差別をなくす」ことだった。つまり、メディアがこれまでさんざん指摘した労働における差別をなくすことが、法案の本質だった。

ところが、メディアはその本質を隠して、労働者の味方のフリをして、法案に反対の論陣を張ったのである。なぜなのだろうか?

それは、メディア企業の多く、とくに新聞・テレビが、自分たちが批判する差別的な労働で成り立っているからだ。メディア企業の多くは、日本の多くの企業と同じように、正社員と派遣社員、さらに契約社員、アルバイトなどの階層構造で成り立っている。また、下請けを使うことが日常化している。大手メディアはどこも、正社員の終身雇用、年功序列システムを守り、いまも新卒一括採用を行っている。

つまり、労働法の改正が行われれば、こうした労働慣行は崩れてしまう。だから、メディアは大反対したのである。

正規と非正規で待遇を分けるというのは、明らかな「身分差別」である。新卒一括採用というのは、年齢制限を設けているわけだから「年齢差別」である。また、定年制というのも明らかな「年齢差別」である。なぜなら、定年退職というのは、一定年齢に達した社員を強制的に解雇する制度だからだ。

かつて民主党政権は「製造業への派遣の原則禁止」を含む労働者派遣法の改正を目指したが失敗した。これは、民主党の最大の支持基盤である連合が、正社員の既得権が侵されることを恐れたからである。この点では、メディア企業もまた同じだ。

アベノミクスに賛同しながら、こうした規制改革には反対するのは、メディアの大いなる欺瞞である。

日本のサラリーマンは奴隷労働者

私はかつて出版者で社員編集者をしていた。つまり、長年、日本企業の雇用慣習のなかにどっぷり浸かって生きてきた。そのため、このシステムの長所も短所もよくわかっている。

その見地から言うと、日本の正社員サラリーマンというのは、見方によっては奴隷労働者である。もちろん、奴隷になることで生活は成り立ってきたので、それに気がつかなければ幸せとも言えた。

しかし、このシステムでは、人間本来の能力とスキルが正当に評価されない。また、現在のグローバル競争を考えると、前記したように無駄が多すぎる。企業にとっても労働する側にとっても使い勝手が悪く、企業の成長力をいちじるしく削ぐ。

もちろん、「サラリーマンは気楽なもの」という見方もできる。ただし、それは日本経済が右肩上がりで成長していた過去の時代の話だ。成長が止まり、実質賃金が年々低下し、年功賃金のピークが40歳という状況になった現代では、労働者を不幸にするだけである。

これまで私たち日本人が、このシステムを受け入れ、〝社畜〟として過ごしてきたのは、年齢による給料アップが保証され、定年まで勤めれば退職金がもらえたからである。

しかし、グローバル化で企業をとりまく環境は大きく変わった。いまや企業は正社員の給料を上げることもできず、退職金も払えない状況になった。そこで、正社員を少なくして、派遣などの非正規雇用者を増やし、これまで正社員が行ってきた仕事を非正規に押し付けたのである。

こうして非正規労働者は全労働者の４割（約２０００万人）に達してしまった。それでも、まだ6割が正規労働者だから、企業内では正社員の声のほうが強い。しかも、日本企業の多くはサラリーマン社長が経営している。そのため、正社員のクビを簡単には切れない。

つまり、多くのメディアが労働法のどんな改正にも反対するのは、単に自分たちを守りたいからだ。「生涯派遣法案」などと名付けて、非正規雇用者の味方をしているように見えるが、それは単なるポーズである。

労働者を守ってきた制度の改革が進む

２０１５年９月に成立した労働者派遣法改正案（生涯派遣法案）は、一見すると、正社員サラリーマンには直接的には関係のない法案である。派遣労働者が同じ派遣先の職場で働ける上限を３年とするものだから、派遣社員だけの問題のように見える。

メディアが反対したように、これによって、企業はさらに自由に派遣を使えるようになるのは事実である。「派遣を固定化する」「一方的に企業がトクするだけだ」というメディアの反対理由は間違ってはいない。

しかし、派遣が固定化され、企業がどんどん派遣を使えるようになるとどうなるだろうか？今後も非正規社員は増え続け、正規社員はどんどん減っていくだろう。そうなると、終身雇用・年功序列は決定的に崩れる。やがて、「同一労働同一賃金」が実現するのは間違いない。

つまり、このような労働法の改正でもっともソンをするのは正社員のほうなのである。実際、メディア企業で、労働法改正の反対記事を書いているのは、多くが社員記者である。彼らは非正規の味方のふりをして、自分たちを守ることに必死なのだ。

このような図式がわかれば、メディアがなぜ「年収１０７５万円以上のスペシャリストには残業代を払わなくてよい」とする改正案を「残業代ゼロ法案」（「過労死法案」）と名付けたか納得がいくだろう。残業代がつくのは、正社員だけである。

労働法の改正には、「解雇の金銭解決制度」というものもある。日本の労働法制は労働者に圧倒的に有利にできている。そのため、これまでリストラとなると紛争が絶えなかった。そこで、これからは金銭補償（和解）で、リストラをやりやすくしようというのが、この改正案である。

そのためこの改正案には、「生涯派遣法案」以上の反対の声が上がっている。「企業がトクするためだけの改正案」だというのだ。しかし、本当にそうだろうか？

労働法の改正はまだある。「契約・パート社員の5年ルール」である。これは、パートやアルバイト、契約社員など非正規社員の勤続年数が5年を超えたとき、会社から契約期間の定めを外してもらえる制度である。これにも多くのメディアが反対している。

その反対理由は、いずれも同じだ。表面上は「弱い者」の味方のフリをして、自分たちの既得権を守るためである。

そもそも正社員と非正規社員が同じ仕事をしても、同じ賃金をもらえないということ自体がおかしい。この労働差別を是正すべきとするのが、メディアがまず主張しなければならないことだ。それなのに、メディアはことの本質を隠すことばかりしている。

繰り返し書くが、日本は労働差別社会である。しかも、どんな労働形態にあるかで階層が決まる身分社会である。これはある意味で、「人権侵害」とも言えるひどい差別で、旧共産圏諸国のシステムに近い。

なぜ、そんなことが言えるか？　さらに詳述してみたい。

世界男女平等ランキングで最底辺の国

まず、決定的なのが労働における「男女差別」である。男女雇用機会均等法があるにもかかわらず、女性には男性並みの仕事を与えない。そのうえ、同じ仕事でも男性より低い賃金しか払わない。日本の女性労働者の平均的な賃金は、男性労働者の約6割で、ＯＥＣＤ諸国の約8割に比べると圧倒的に低い。そのうえ、会社にはいまだに「寿退社」「出産退社」の慣習が残っている。

その結果、日本は世界男女平等ランキングで、142カ国中104位と最底辺に沈んでいる。会社幹部、議員などに女性は圧倒的に少なく、完全な男性優位社会になっている。

そこでアベノミクスでは「女性が輝く社会」を掲げ、2020年までに指導的地位に占める女性の割合を3割に高める目標を掲げた。しかし、これもまた実現性が疑われる「口先改革」となっている。

なぜなら、3割は努力目標であって、罰則がないからだ。罰則がなければ、はたしてどれくらいの企業がこれを守るだろうか？　本来なら、こうした目標をつくった官庁のほうが率先してそうすべきだが、現状では、そんなことをする官庁や自治体があるとは思えない。

しかも、仮に罰則が設けられても、この目標の達成は難しい。なぜなら、男女差別のいちばん簡単な解決法は、「実力どおり女性を評価する」ということだからだ。そうすれば、会社でも公的組織でも半分以上が女性になる。女性を差別しているということは、実力がない男性を〝単に男性だから〟という理由だけで優遇しているということだから、〝できない男性〟をどんどんリストラすればすむことだ。できない男性をできる女性より優遇する。これが日本の男女差別の本質である。

いまは、学校の試験、就職試験、昇進試験など、すべてにおいて女性のほうが成績がいい。ならば、これを素直にそのまま評価すればいい。たったこれだけで、「女性が輝く社会」は実現する。

新卒一括採用と定年制は完全な「年齢差別」

男女差別に次ぐのが、年齢差別である。

２００７年に雇用対策法が改正され、事業主は労働者の募集及び採用について、年齢に関わりなく均等な機会を与えなければならないこととされ、年齢制限の禁止が義務化された。ところが今日まで、まったく実現していない。日本の履歴書には、いまだに年齢を書く欄がある。

たとえば、企業は、新卒採用では「学部卒は24歳、修士修了は26歳」などという年齢制限を堂々と行っている。本来なら、年齢に関係なく、企業は即戦力となる労働者を採用すべきだ。ところが、そうすると年功序列・終身雇用が崩れてしまう。そこで、厚労省も新卒一括採用・年齢制限を雇用対策法の適用除外にしている。

しかし、先進国、いや新興国であろうと、こんなシステムを採用している国はない。明らかな人権侵害だからだ。これによって被害を被るのは若者たちである。大学で少し長く勉強しただけで、就職ができなくなってしまうからだ。

また、定年制というのも明らかな年齢差別である。前述したように、定年退職というのは、定年に達した社員を強制的に解雇する制度だ。なぜ、能力もスキルも違う人間が、ある年齢に達したからといって全員いっせいに退職しなければならないのか?

年齢差別の撤廃を義務化しながら、それを実行しないのには理由がある。もし本当にそうしてしまうと、日本の官僚組織が崩壊してしまうからだ。日本の官僚組織は、国から地方自治体にいたるまで、新卒一括採用と年齢による序列でできあがっている。つまり、民間企業に「年齢差別をやめろ」と言うためには、自分たちの組織から変えざるをえない。

この点で、「女性が輝く社会」も「1億総活躍社会」もマヤカシである。差別のある社会でどうやって輝き、また活躍できると言うのだろうか?

「男女差別」「年齢差別」に続くのが、「非正規・正規差別」である。「非正規・正規差別」というのは、現代の身分制度とも言うべきもので、同じ職場で同じような仕事をしてもまったく待遇が違うのだから、明らかな人権侵害だ。

新卒で正社員を大量採用するには理由がある

最近、ブラック企業が増えているのも、「非正規・正規差別」が存在するからだ。「非正規」と「正規」の差別が厳然としている以上、儲けたい企業は、この歪みを徹底的に利用する。

このことに真っ先に気がついたのが、飲食、アパレル、コンビニ、不動産などの業界だ。これらの業界は、多くの人手を必要とするので、これまではそれをアルバイトや契約などの非正規で埋めてきた。ところが、新卒を大量に正社員で採用し、最低賃金とサービス残業で徹底的に酷使すれば、非正規を時給や契約で雇うよりずっと人件費コストが安いことに気がついた。しかも、正社員を増やせば、世間の批判からも逃れられる。

このような企業で正社員として採用されるとどうなるだろうか？　いくら正社員になったからといっても、アルバイト並みの低賃金でサービス残業まで強いられ、徹底的に働かせられる。長時間労働は当たり前で、休日もほとんどない。これでは、やがて体を壊すか、精神的に耐えられなくなって辞めていく。

よく「3年で3分の1が辞める」と言われるが、これはこのような理由からだ。

しかし、ブラック企業側は、辞めてもらっていっこうに構わない。「正社員」に憧れる新卒はいくらでもいるので、また大量に採用すればいいからだ。

ブラック企業が増えたのには、新卒一括採用というシステムにも問題がある。このシステムは前記したように、年齢差別だから、学生は十分な職業教育も受けずに学校を卒業する。つまり、単なる単純労働者として社会に送り出される。これでは、使う側が新卒を使い捨てにすることを止められない。

それなのに、メディアはいまもなお「正社員神話」を書きたてる。正社員にならなければ人生の落伍者になるようなことばかり強調し、正社員になるための就活ノウハウ本が世の中に溢れている。

そのため、学生はなんとかして正社員になろうと、必死で就活をする。そして、リベラルメディアや労働法改正に反対する野党や評論家は「差別をなくすために正社員化を進めろ」と、声を大きくして政府を批判する。このままでは、たとえ正社員が増えても、日本の企業は総ブラック化しかねない。

新卒一括採用を外国人に説明すると、誰もが「クレイジー」と目を丸くする。

「まだ卒業できるかもわからない。しかも、なにができるかもわからない学生を、一度に大量に採用するなんて、もっともリスキーではないか」と言う。

もともと存在しなかった「終身雇用」システム

アベノミクスでは「グローバル人材の育成」を目標に掲げ、教育改革が行われることになった。しかし、いくらグローバル人材を育成しても、日本的な労働慣行が続くかぎり、そうした人材は日本企業には入らないだろう。入ってもすぐに辞めてしまうだろう。

日本企業には、ここまで述べてきた差別のほかに、日本人と外国人（現地採用）で人事制度が異なる国籍差別まで存在するからだ。日本企業は、いまだに海外での現地採用を国内採用と平等に扱っていない。これは、人種や国籍による差別である。これを止めなければ、グローバル人材教育は、欧米企業への人材供給源になるだけだ。

じつは、日本的な労働慣行とされる「新卒一括採用・終身雇用・年功序列」システムは、日本固有のものではない。このシステムが確立されたのは１９６０年代後半のことであり、それまでの日本にはこんなシステムは存在しなかった。

戦前には、いまのような終身雇用のサラリーマンなどほとんどいなかった。多くの人間は、人的資本（労働力）とスキルで、いまの非正規雇用者と同じように暮らしていた。大正時代の日本は、解雇が簡単にできる自由競争社会で、労働者の転職率は世界でも有数に高かった。

これは戦後も変わらず、高度成長期になる前までは、会社は一部の正社員と多くの準社員、職工と呼ばれたブルーカラーで構成されていた。準社員とブルーカラーは、終身雇用ではなかったから、待遇次第で転職を繰り返していた。新卒一括採用も、一部正社員にしか存在しなかった。

つまり、日本的な労働慣行とは言ってはいるが、それは日本経済の成長期の産業構造に合わせて最適化された「社会主義的なシステム」にすぎない。したがって、それが日本的な固有なものと思うのは間違いであり、また、このシステムが日本人に適しているなどと考えるのも間違いである。

時代はいつも変化を繰り返す。それに合わせて、労働慣行も変えていかなければ、私たちは不幸になるだけである。メディアが言うことを真に受けてはいけない。

第10章

格差是正論で絶対語られないこと

ピケティ氏をありがたがって大報道

アベノミクスが進むにつれて、「アベノミクスは格差を助長している」と言われるようになった。リベラルメディアはもとより政府寄りの御用メディアまでもが、格差拡大を問題視し、格差の是正を提言するようになった。

このような「格差是正論」は、2015年の初め、トマ・ピケティ氏の著書『21世紀の資本』（みすず書房、2014）が経済書として空前のベストセラーとなったことで一気に火がついた。

そして、ピケティ氏が来日するやいなや、新聞からテレビ、経済誌、週刊誌まで、彼のインタビューで溢れた。ピケティ氏は、フランスの左派の学者らしく、「日本はもっと公正で累進的な税制、社会政策をとれる」「インフレ率を上昇させる唯一のやり方は、給料とくに公務員の給料を5%上げることでしょう」などと、インタビューで答えていた。

彼の主張の中核は、「資本に課税して格差を縮めるべきだ」だから、いわゆる「資産課税」である。資産を持つ者の資産に課税して、それを格差の底辺にいる人々に再分配するということである。

資産に累進課税をかけるとしたら、金持ちのダメージが大きいので庶民は大いに喜ぶ。さらに、それを徴収して再分配するのは官僚たちだから、官僚にとっては願ってもないことだ。権力の強化が可能だからだ。

しかし、その結果、なにが起こるだろうか？　おそらく、大きな政府ができ上がり、最終的には管理社会になるだろう。つまり、私たちの自由はなくなる。

「持つ者」から税金を取って「持たざる者」に配る。これは一見すると〝公正〟、正しいことのように見えるが、じつは、国家にたかる層を多くし、国家を運営する人間たちの力を強めるだけである。

それにこのグローバル経済の下では、資産課税を強化すれば、たちまち資本は流出する。金持ちはさっさと他国に移住してしまい、国内は平等にはなるが、「1％の人々」がいない下流層だけの社会になってしまうだろう。

そうなれば、国家も国民ももっと貧しくなり、社会は停滞する。つまり、格差はなくしてはならないし、現在の日本程度の格差なら、むしろあったほうがいいのである。

しかし、メディアは格差拡大を目の敵にし、庶民受けばかり狙う。さらに、格差が生じる本当の原因を、けっして語ろうとしない。

では、経済格差の本当の原因とはなんだろうか？

それは、知能の遺伝であるということだ。

親が金持ちでないといい大学に行けない

ここ数年、よく言われてきたのは、親の経済格差がそのまま子供の学歴に直結するという問題だ。親がお金持ちだといい大学に行ける、貧乏だと大学にも行けないという問題である。

たとえば、2013年春の高校卒業生全体（約108万人）に占める私立高校卒業生は29・9％だが、東大・京大合格者5960人では49・4％と半数近くを占める。これは、学費の高い私立エリート高卒業生でないと、東大・京大に行くのは難しいというデータである。また、東大生の家庭状況調査によると、世帯年収が950万円以上ある家庭の割合は57・0％に達している。つまりこれもまた、金持ちの家庭の子供でないと東大に行くのは難しいというデータである。

こうした観点から、「経済力が学歴を決めるのは不公平」「金持ちの子供だけが私立の進学校からエリート大学に進み、社会でもエリートになるのは不公平だ」という声が巻き起こった。

そして、貧困の連鎖という問題が提起されてきた。「貧しい家に生まれると教育を受ける機会もなく、ニートや非正規になってしまう。これを是正しなければならない」というのだ。

遺伝子が格差を生み出している

では、この教育格差を是正するのはどうしたらいいのだろうか？　リベラルメディアや評論家たちが主張するのは、およそ次のようなことである。

《低所得層の子供に十分な教育を受けさせるためには、教育費の援助が欠かせない。国家や自治体は、税金で低所得家庭の子供に金銭的な援助をすべきだ。奨学金を充実させたり、家庭年収が低い子供の学費は大幅に安くしたりすべきだ》

実際、教育者はもとより、経済学者や評論家まで「格差は経済成長をそこなう。低所得者層への教育投資は国家の最大の義務」と言う。

この論理は、経済格差解消のための「所得再分配論」と同じである。

経済格差を解消するためには、富裕層への課税をより強化し、それを低所得者層に配る。そうすれば格差の拡大は防げるという理屈だ。つまり、教育格差是正と経済格差是正は、まったく同じ論理に立って語られている。

しかし、ここでずばり書いてしまうと、この考え方は究極的には間違っている。なぜなら、教育格差の本当の原因、それによって起こる経済格差の本当の原因は、おカネではないからだ。前記したように、人間が固有に持つ遺伝子が、格差を生み出しているのである。

子供の能力のほうが大きく影響する

これまでのデータによれば、たしかに、家庭の経済格差が子供の教育格差を生み出している。つまり、「金持ちの家の子供ほどエリート校に進学している」というデータは間違ってはいない。しかし、このことに本当に因果関係があるだろうか？　おカネがあれば、学費が高い私立のエリート進学校に行けるのは確かである。その結果、エリート大学にも進学できる。しかし、おカネ以前に子供の能力のほうが大きく影響するということが、見落とされている。

つまり、因果関係として重要なのは、家庭が持つおカネの多寡《たか》ではない。重要なのは、親が持つおカネではなく、その子供の知的レベルである。親が利口なら子供も利口かどうかということだ。いくらおカネがあっても、能力が劣れば優秀な生徒が集まるエリート校への進学はできない。

現在では、遺伝子研究が進んでおり、こちらのほうの因果関係はほぼ証明されている。行動遺伝学という学問があり、その研究では、すでに知能における遺伝の影響が80％以上であることが明らかにされている。

行動遺伝学による結論は、身も蓋《ふた》もないものだ。つまり、「知能の高い親から生まれた子供はエリート大学に進学する可能性が高い」ということだからだ。

現代社会は、知能が高い人間ほど高収入の職に就けるようになっている「知価社会」である。医者、弁護士、高級官僚などの職業は、いずれも知能の高い人間に独占されている。そこで、こうした人々の子供がどのような大学に進学しているかを調べると、結果的に「お金持ちの家の子供ほどエリート校に進学している」となるだけなのだ。つまり、格差是正を主張する人々は、おカネだけを問題にして、知能という要素を意図的に隠しているか、それに気づかないフリをしている。

誰でも勉強さえすればエリート校に行けるのか？

知能の優劣は遺伝の影響が大きい。頭のいい親からは頭のいい子供が生まれる。脳のなかで知能にもっとも関係が深いとされるのが前頭葉で、前頭葉の表面積や厚さ、密度は個体によって異なる。そして、こうしたことの約80％は、遺伝の影響を受けることがすでに証明されている。

もちろん、子供が高い学力を身につけるのには、家庭環境も大きく影響する。貧しい家庭では、親に余裕がないため、進学塾に通わせることも学費の高い私立校に通わせることもできない。そこで、この環境要素のほうが大きいのではないかという意見がある。

しかし、どんなに環境要素を整えても、残念ながらもともと知能が低い子供の知能はそれほど伸びない。どんな子供でも勉強さえすれば東大に行けるかというと、残念ながらそう甘くはない。

つまり、私たちは遺伝的に親から受け注がれた運命を大きく変えることはできない。行動遺伝学では、「蛙の子は蛙」ということになっている。

『学年ビリのギャルが1年で偏差値を40上げて慶應大学に現役合格した話』（KADOKAWA、2013）という本がベストセラーになり、映画にもなったが、これはバカでも頑張れば成功するという話ではない。なぜなら、このギャルは進学校のビリギャルであり、もともと頭はいいのに勉強しなかっただけだからだ。

本当の底辺校のビリギャルなら、こうはいかない。

実子と養子の両方を対象にIQ調査した結果は？

「親が頭がよければ子供も頭がいい」ということを証明する研究結果をネットで検索すると、最近では代表的なものが二つある。

2015年4月、イギリスの『デイリーメール』紙が報じたところによると、いわゆる「頭の回転が速い」とされることに、遺伝子連鎖が関連していることを裏付ける証拠が英国の政府機関の共同研究によって初めて発見されたという。詳しい内容は割愛するが、この研究ではその遺伝子を特定している。

また、アメリカの心理学の機関誌『Intelligence』に発表された最新研究では、子供のＩＱを決定するのは遺伝子であり、親の行動や環境の影響はそれほどないということが証明された。

この研究を行ったフロリダ州立大学でのケビン・ビーバー教授（犯罪学）は、過去のそうした研究の多くは実子が対象となっているため、遺伝的伝達が考慮に入れられていないことを指摘し、実子と養子の両方を対象に調査を行った。実子と養子の双方に成長段階で2回ＩＱテストを行い、その両親の育児に関する行動についても分析した。

その結果は、親による読み聞かせや積極的な会話などの行為が、子供の後年のＩＱに目立った影響を及ぼしたという証拠は見つけられなかったという。

ビーバー教授は、こう語っている。

「過去の研究結果で、親のしつけが子供の知能の発達に影響するとされたのは、そもそも読み聞かせなどを行う親には知能の高い人が多く、遺伝的な要素が隠されていたと考えることができる」

本当に身も蓋もない話だが、現代科学はこのようなことを証明するまでになってしまったのだ。

ＩＱに与える影響は遺伝子と環境が半々

ただし、いくらか救いもある。

多くの研究では、遺伝子と環境の影響がほぼフィフティ・フィフティとなっていることだ。前記したように、前頭葉のつくりの80％が遺伝子で決まるとはいえ、子供のＩＱに遺伝子が与える影響は80％ではない。同じ遺伝子を持った一卵性双生児を調査した研究では、遺伝子がＩＱに与える影響は50％で、残りの50％は環境や生育条件などで変わってくるとされている。

先進国における子供全体のＩＱは、この数十年間で年々高くなっている。これは、学校教育の向上や子供の栄養状態がよくなったからとされ、「フリン効果」と呼ばれている。アメリカでは、20世紀初頭から10年ごとにＩＱの点数は3点ずつ伸びたという。

アタマのよさは遺伝子で決まるとはいえ、それでも環境をよくすれば、アタマをよくすることは可能というわけだ。ただ、そうは言っても、それは１００％ではない。50％までである。つまり、もともとアタマのいい子供に悪い子供が追いつくことはできないのだ。

同じ環境を与えれば、遺伝子的にすぐれた子供は、常に劣る子供に勝ってしまうのである。

所得再分配の仕組みを強化しても解決しない

それでは話を戻して、こうしたことから再度、「格差是正論」を考えてみよう。格差是正論では、格差の原因をおカネの多寡としている。親が金持ちなら子供も金持ちになり、親が貧しければ子供も貧しくなる。貧困は連鎖するので、親の収入に関係なく、子供にはいい教育を受けさせなければならない。そのためには、国や自治体が資金を援助すべきとなる。

これは、教育にかぎった話ではなく、それ以外の格差においても同様だ。つまり、富裕層から税金をより多く徴収し、貧しい層に分配する。そうすれば、格差は是正されるからだ。つまり所得再分配の仕組みを強化すればいい。持てる者の富を取り上げ、持たざる者に与える。福祉社会はこの原則で成り立っている。

しかし、いくら所得の再分配をしても、格差の根本原因が遺伝子であるとしたら、どうだろか？　再分配では、格差は原理的には解決できないことになってしまう。これは、明々白々の事実だが、これを言うと現代では、差別主義者というレッテルを貼られるので、誰も口にしない。

「人間には生まれながらの格差がある。はじめから不平等にできている」などと言えば、轟々たる非難を浴びるだろう。

こうして、行動遺伝学というのは、いくら研究しても、その結果は無視されることになっている。

黒人はＩＱが低いとした『ベルカーブ』

人生が生まれつきの知的能力で決まるという調査結果を基にして社会を論じた最初の本に『ベルカーブ』（リチャード・ハーンスタイン、チャールズ・マレー著）という本がある。アメリカで１９９４年に出版されると、大きな論争を巻き起こした。

なぜなら、この本は、「知能はその大部分（40％から80％）が遺伝的なもの」と主張し、「貧困層はＩＱや成績も低い」「ＩＱの高い人間は就学年数も多いし中退率も低い」などという赤裸々な事実を提示していたからだ。

さらに、人種的な知能の差まで指摘していた。

すなわち、アジア人は白人よりも知能が高い。白人と黒人を比べると白人のほうが高いとしたので、これに対して「差別本である」との非難が浴びせられた。ちなみに、実際はＩＱの平均が示され、それによるとアフリカ系アメリカ人は85、ラテン系は89、白人は１０３、アジア系は１０６、ユダヤ系は１１３となっていた。もう一つ、ＩＱが低くて貧しい女性ほど子供を多く生むことも指摘しており、これにはフェミニストたちが反発した。

しかし、『ベルカーブ』は、人にはもともと知的能力差があるという事実を認めたうえで、それではどうすればいいかという意識の下に書かれていた。２人の著者は、本のなかで、将来のアメリカ社会はＩＱによって階層化されていくのではないかという議論をしていたのである。そして、知能差によって引き起こされる最悪の事態を緩和するような数々の社会政策も提言していた。

所得の再分配を超えた格差是正への提案

いまでも『ベルカーブ』の提言は重要である。いまの格差社会の議論を超えた普遍性を持っている。なぜなら、所得の再分配で格差を是正するなどということより、重要な格差の是正方法を提案していたからだ。

たとえば、知能だけを重視すると、頭のいいエリートにすべての仕事が集まって、知能の低い人間の居場所がなくなってしまう。そして、中央集権化が進む。これを是正するには、地方分権とコミュニティを重視する政策を取るべきだという。

また前記した「ＩＱが低くて貧しい女性ほど子供を多く生む」ことに対しては、そうした層への福祉政策を削減すべきだという。そうしないと、比率的にＩＱの低い子供が増えることになる。したがって、全体としてのＩＱを上げるような人口政策が必要であるとし、貧富を問わず全女性に出生を補助する政策は打ち切り、女性が避妊について事前に意思決定できる方法を容易にすべきという。

さらに、社会のルールを単純化することも解決法であるとしている。

いまの社会は、知的能力が高い人間に有利にできている。税の申告をするにも、社会保障を受けるにも、ビジネスの取引をするための各種の法的手続きにしても、複雑で知的能力が低い人間に不利になっている。そこで、知的能力が低くても普通に暮らせるルールや規制の単純化が必要だというのだ。

このことは現代のＩＴ社会にも言えることだ。ＩＴリテラシーが低いと、いまやまともな社会生活ができないようになっている。

遺伝子的に劣る人間も差なく暮らしていける社会

『ベルカーブ』では、これ以外にも、いろいろな方法が提案されているが、要は格差を認め、遺伝子的に優れていない人間も、差なく暮らしていけるような社会にしなければならないということに尽きる。

いまの日本社会は、平等主義が行きすぎて、能力差まで認めない社会になってはいないだろうか。本来、人間には能力差があるにもかかわらず、それを認めない。だから、学校では一時期、成績をつけないということも行われた。運動会の徒競走で全員がいっしょにゴールするなんていう、おバカな教育も行われた。

多くの人間が暮らしやすい社会をつくるには、格差を是正して結果を平等にすることでは実現しない。まずは、私たちが、知的能力の差は自分ではどうすることもできない条件だということを認めなければならない。それによって経済的な格差が生じていることを認識する必要がある。

つまり、格差がいけないというだけでは話は解決しない。所得の再分配だけでも解決しない。また、能力格差を否定しても意味はない。すべきことは、知的能力の差が、経済的にあまりに大きな格差を生まないようにすることだ。

この仕組みをつくらなければ、金持ちにいくら課税しても格差は解決しない。

第11章

量的緩和でも下落し続ける地価

日本の「土地資本主義」がバブルを起こした

1980年代、バブル経済がピークだったころ、「日本の土地の値段で全世界が買えてしまう」と言われたことがある。つまり、日本経済は、土地（地価）に立脚した「土地資本主義」（土地本位制）で回っていた。

日本の高度成長期をふり返って見ると、経済活動の根幹にある「信用」は、一貫して地価にあった。借金や貸し出しは、ほとんどが不動産を担保にして行われてきた。日本の高度成長は、地価の高騰によって支えられ、地価がつくり出した信用創造に基づいていた。

だから、高度成長とともに地価も上昇し、地価の上昇が景気をいっそう加熱させた。そうして、1985年のプラザ合意で円高が進むと、異常なまでのバブルが発生した。

バブル経済が真っ盛りのころ、日本の土地価格の合計は、全世界の土地価格のなんと約6割を占めていた。日本の国土は、全世界のわずか0・3％しかないのに、その土地の値段だけで世界の6割の土地を買えることになってしまった。これは、計算上のことだが、当時の東京23区内の土地価格だけでアメリカ全土が買えた。

1988年、日本の土地資産総額は1842兆円に達し、当時のGDPの約5倍に達した。この時代、金持ちと言えば、「土地長者」を指した。毎年発表される長者番付の上位は、すべてこの土地長者で占められていた。

しかし、これでは単に土地を持っているだけで金持ちになれてしまう。そして、持たざる者と持つ者の格差は広がるばかりとなる。どう考えても異常なバブルだった。しかも、日本企業の株価は、この土地の値段を企業の価値として算出されていたので、日本企業の時価総額は、なんと全世界の企業の時価総額の約40％に達してしまっていた。

このバブル経済が崩壊したのが、1990年である。以来、四半世紀、日本経済は「失われた25年」を続けてきた。

このようなことをふり返れば、アベノミクスが実体経済に効くなら、地価はふたたび上昇してもおかしくない。バブルでの上昇分を差し引いても、日本の地価はあまりにも低くなりすぎたからだ。量的緩和で株価は上昇した。同じように、地価もまた上がってしかるべきだろう。

アベノミクスで起こったのはミニバブル

2013年の民主党政権末期、日経平均は8000円台に沈み、地価も下落を続けていた。当時は、「マンション不況」が盛んに言われ、都心でも完成した新築マンションの多くが値引き販売を余儀なくされていた。値引きなしでスムーズに売れたのは、湾岸エリアに建ったごく一部の優良物件だけという有様だった。

だから、不動産業者はアベノミクスを大歓迎した。実際、安倍首相の勇ましい掛け声とともに、都心の物件価格は少しずつ上昇するようになった。そこにやってきたのが、「東京五輪決定」のブームである。このブームで、さらに物件価格は上昇した。

東京五輪ブームと円安が進んだおかげで、日本人富裕層だけでなく、中国人富裕層を中心とする外国人たちも「トーキョーは安い」と、不動産投資に参加するようになった。

人気は湾岸エリアや都心の駅近物件に集中したが、そこに建った1億円を超える「億ション」は発売と同時に完売するようになった。

このような状況を、メディアはこぞって「アベノミクスが効果を上げている」と報道した。中国人富裕層の億ションの「爆買い」を面白おかしく伝えたメディアも多かった。

しかし、こうした状況は、本当に好景気の現れなのだろうか？　不動産業者に取材すれば、その答えは明らかだ。

「一部に東京五輪まで景気は持つだろうという根拠のない自信を持っている業者もいますが、大部分の業者は、これが実需に基づかないミニバブルだとわかっています。株高・円安にともなう富裕層と外国人の投資であって、それがなくなれば終息します。

デベロッパーたちはメディアに『よく売れている』と言っていますが、実際に建てているマンションの多くは1棟で800戸や1000戸もあるようなタワーマンションばかりで、実需に基づく住宅用の物件は建てていません。タワーマンションは高価格帯から売れていますが、買っているのは相続税対策の富裕層と外国人だけです」

２０１５年から相続税が増税されたため、その対策として日本人富裕層がタワーマンションを買うようになったが、実際には住んでいない。外国人もまた同じだ。

10年前、一都三県のマンションの供給戸数は年間約10万戸だった。それが現在は４万５００0戸と半減している。つまり、首都圏の実需はなんと半分以下に落ちているのだ。

株価の上昇は、一般国民の生活とは無関係である。株価がいくら上昇しても、給料が上がらなければ、庶民にマイホームを買う余力はない。アベノミクスがいくら進んでも実質賃金が下がっている状況では、住居用の物件が売れるはずがない。

不動産業者が嘆くのは、都心の中古物件の借り手がいないことである。

「現在、賃貸物件の空き室率は千代田区で36%、中央区で27%もあります。これが解消する見込みはありません。それに、タワーマンションも建ちすぎて、供給過剰になってきました」

こうしたなか、２０１５年8月にチャイナショックによる世界同時株安が起きた。これに慌てた富裕層は「相続税対策なんかやっている場合ではない。買った物件は売れるうちに売っておこう」となって、タワーマンションすら売れなくなった。

完全に「二極化」してしまった不動産

２０１５年８月、国土交通省より２０１５年７月１日時点の全国の基準地価が発表された。その内容は、「東京、大阪、名古屋の三大商業地が２・３％上昇（14年は１・７％上昇）、住宅地が０・４％上昇（14年は０・５％上昇）」というもので、これを多くのメディアが「商業地は3年連続、住宅地は2年連続で上昇」と垂れ流し報道した。

さらに、地方都市も北陸新幹線効果のあった金沢をはじめ、仙台や福岡でも上昇していたので、「アベノミクスの波及効果が出た」と書いたところもあった。

しかし、地方圏全体を見れば、地価の下落幅は縮小しているものの、調査地点の75％で下落していた。また、中枢都市とそれ以外の地域の変動率を比べてみると年々その差は広がっていた。つまり、アベノミクスによる効果は大都市部にかぎられ、地方に波及していないのは明らかだった。

よって、ここで言えるのは、日本の不動産は二つの点で「二極化」が進んでいることだ。

第一の二極化は、商業地と住宅地の二極化。東京などの商業地の地価は、そこに入るテナントがどれだけの収益を上げられるかが賃料に反映するので、その結果として地価が上がる。しかし、住宅地は住むという実需がなければ地価は下がる。

第二の二極化は、都市と地方の二極化だ。東京、大阪、名古屋の三大都市圏では商業地の地価の上昇があって平均地価は上がるが、地方では一部の中核都市の商業地を除いて実需はないため、地価が下がり続けるということである。

そして日本全体を平均すれば、依然として地価の下落は続いている。

不動産の取引は「相対取引」である。売りたくても、買いたい人がいなければ売買は成立しない。価格もつけられない。もし、買いたい人がいなければ、事実上その不動産はゼロ円、すなわち価格がつかない。

現在、日本で行われている不動産取引の多くが、商業地における取引で、そのおカネを出しているのは、ＲＥＩＴやファンド、機関投資家である。ＲＥＩＴは多くの投資家がおカネを出し合って資金をプールし物件を購入するという仕組みである。

そうして、投資に見合ったリターン（賃貸料など）を得る。このリターンがなければ、投資家はおカネを出さない。

このリターンが、前記したように東京でも落ちてきている。タワーマンションが供給過剰に陥り、売れなくなっていることがその現れだ。

一方、住宅地の物件は本来投資物件ではない。もちろん、住宅地でも賃借人がそれに見合う賃料を払うか、住みたい人に人気のあるエリアで転売が利くなら、投資は成り立つ。

しかし、人口減が続く日本でそんなエリアはごくごくかぎられている。地方には中古住宅が余っている。

安倍首相は「アベノミクスの成果を全国津々浦々まで届ける」と言い放った。いったいどこを見て、こんなことが言えたのだろうか。

世界で日本だけが住宅価格の下落を続けてきた

次に掲げる【図表4】は、1995年=100とした世界の主要国の住宅不動産価格の推移の比較グラフである。

日本以外の国の住宅価格は、どこも右肩上がりに上がっている。世界の主要国はどこも、経済成長とともに不動産価格を上昇させてきたのである。

とくにアメリカの住宅価格は2000年代に入ってからは大きく上昇し、2008年のリーマンショックで大きく下落に転じたが、3回にわたる量的緩和（QE）によって、2015年にはリーマンショック前の水準を上回るようになった。

また、イギリスはリーマンショックの影響をほとんど受けず、ほぼ右肩上がりで上がり続けてきた。そのため、ロンドンの住宅価格は、1990年代初めから比べると5～6倍になった。これは香港も同じだ。香港の住宅価格は、東京の同程度の物件と比較すると、いまや2、3倍

【図表4】主要先進国の住宅用不動産価格の推移

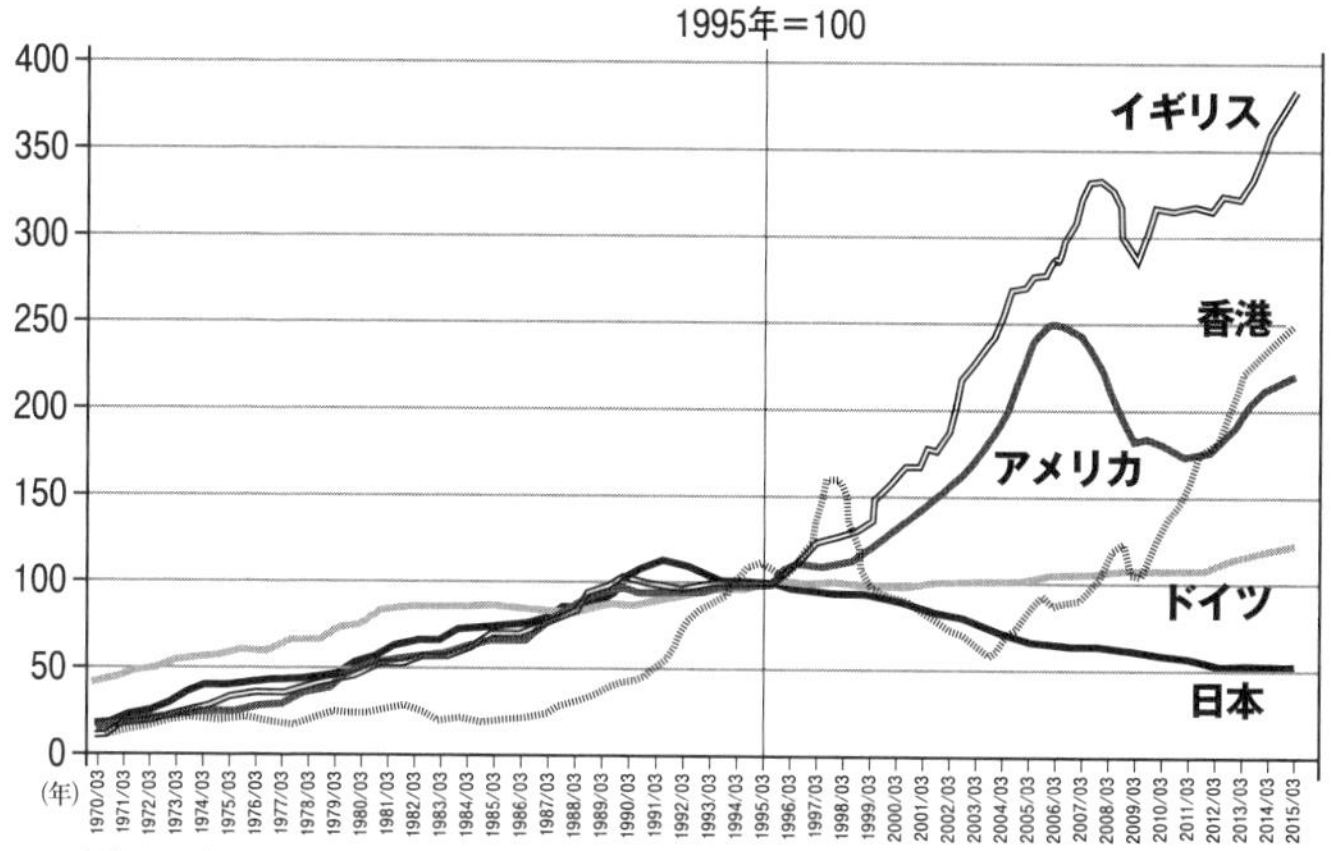

出典：BIS（国際決済銀行）

はする。

ドイツもこれら3国ほどの住宅バブルは起こらなかったが、それでも住宅価格は上昇を続けてきた。

ところが日本では、１９９０年のバブル崩壊以後、地価も住宅価格も前年度比で値上がりするということはほとんど起こらなかった。

アベノミクスで日銀がいくら異次元緩和しても、三大都市圏と一部の中核都市以外の地価はまったく上がらなかった。

これは、第5章で述べたようにおカネが「ブタ積み」されただけで市中に出回っていないこともあるが、最大の原因は日本が人口減社会になってしまったからである。

郊外都市で進む「ゴーストタウン化」現象

東京郊外の通勤圏にある都市、かつてベッドタウンと呼ばれた郊外都市の住宅地を歩くと、雨戸を閉め切って戸締りされた、一目で人が住んでいないとわかる家が多いことに驚く。とくに、1970年代から80年代にかけて開発された住宅地にこうした空き家が目立つ。当時、もっとも人気があった「○○ガ丘」などという地名が付いている住宅地は、いまやさびれて人影が少ない。

これらの空き家の住人はいったいどこへ行ってしまったのだろうか？

郊外の戸建て住宅を買った人々は、その多くが高齢者となり、介護や医療施設へ移るようになった。そして、彼らの子供たちは、独立すると都心でマンション住まいを始めた。給料が下がり続けるなかでは、夫婦共働きでないと生活は苦しい。とくに子供ができると、郊外に住んでいては通勤に時間を取られ、仕事も子育てもおろそかになる。

そこで、彼らは会社まで電車1本で行ける都内のお手頃マンションに移り住んだのである。

それでも、「○○ガ丘」がつく住宅地にまだ住んでいるお年寄りは多い。なぜなら、家が売れないからである。

「ここに引っ越してきたときは眺めもよく、庭もあったので、それなりに満足でした。しかし、歳を取って子供も独立してしまうと、駅前のスーパーに買い物に行くのもつらくなりました。荷物を持って帰りの坂道を登るのがきついんです。ここを売って都心に移りたいのですが、買い手がいません」

このような売れない戸建ては「負け組不動産」と呼ばれている。たとえば、郊外電車の駅から徒歩15分以上、駅までバスに乗らなければならないような住宅地には、負け組不動産が多い。この負け組不動産を処分できずに苦しんでいる人は意外と多い。

不動産というのは、持っていれば固定資産税がかかる。たとえ住まなくなっても持っているだけで固定資産税を払わなければならない。固定資産税は、上物の住宅を処分して更地にしてしまうと跳ね上がる。そこで、空き家のまま放置された物件が出る。

現在、首都圏に居住している65歳以上の高齢者は約８１０万人という。そのうち約２３０万人が団塊の世代を含めた65～69歳である。

この団塊世代は、日本の高度成長期に、地方から首都圏に出て郊外に戸建てや分譲マンションを取得した。そして現役を引退したいまは、年金をもらいながら暮らしている。しかし、いずれは75歳以上の後期高齢者となり、自宅から高齢者用の介護施設や医療施設に移るようになる。そうなれば郊外の戸建てや分譲住宅、マンションは、ますますゴーストタウン化してしまうだろう。

経済成長できないのに地価が上がるわけがない

地価と住宅価格の上昇は、ＧＤＰを引き上げる一つの要素である。それが人口減から下降を続ければ、いくら量的緩和をしても効き目はない。

次ページに示す**【図表5】**は、２００１年から２０１５年までの年ごとの経済成長率と平均地価の推移である。

ここに示した経済成長率は、実質ＧＤＰの対前年度増減率。ＧＤＰには「名目」（時価表示）と物価の変動を反映させた「実質」があるが、ここではより経済の実態に近い実質値のほうを用いた。

また、平均地価は、「公示地価」と「基準地価」の総平均とした。公示地価は、地価公示法に基づき、国土交通省の土地鑑定委員会が毎年1回公示する標準地の価格。公示地価が都市計画区域内を主な対象とするのに対して、基準地価は都市計画区域外の住宅地、商業地、工業地、宅地ではない林地なども含むので、両者を総合して増減を前年比で示した。

このように、ここ15年間、日本経済はほとんど成長していない。

地価もリーマンショック前のミニバブルのときを除けば下がり続けている。アベノミクス効果が経済成長率に効いたのは、なんと２０１３年だけである。地価の上昇はそれに遅れてミニ

【図表5】2001年からの経済成長率と平均地価の推移

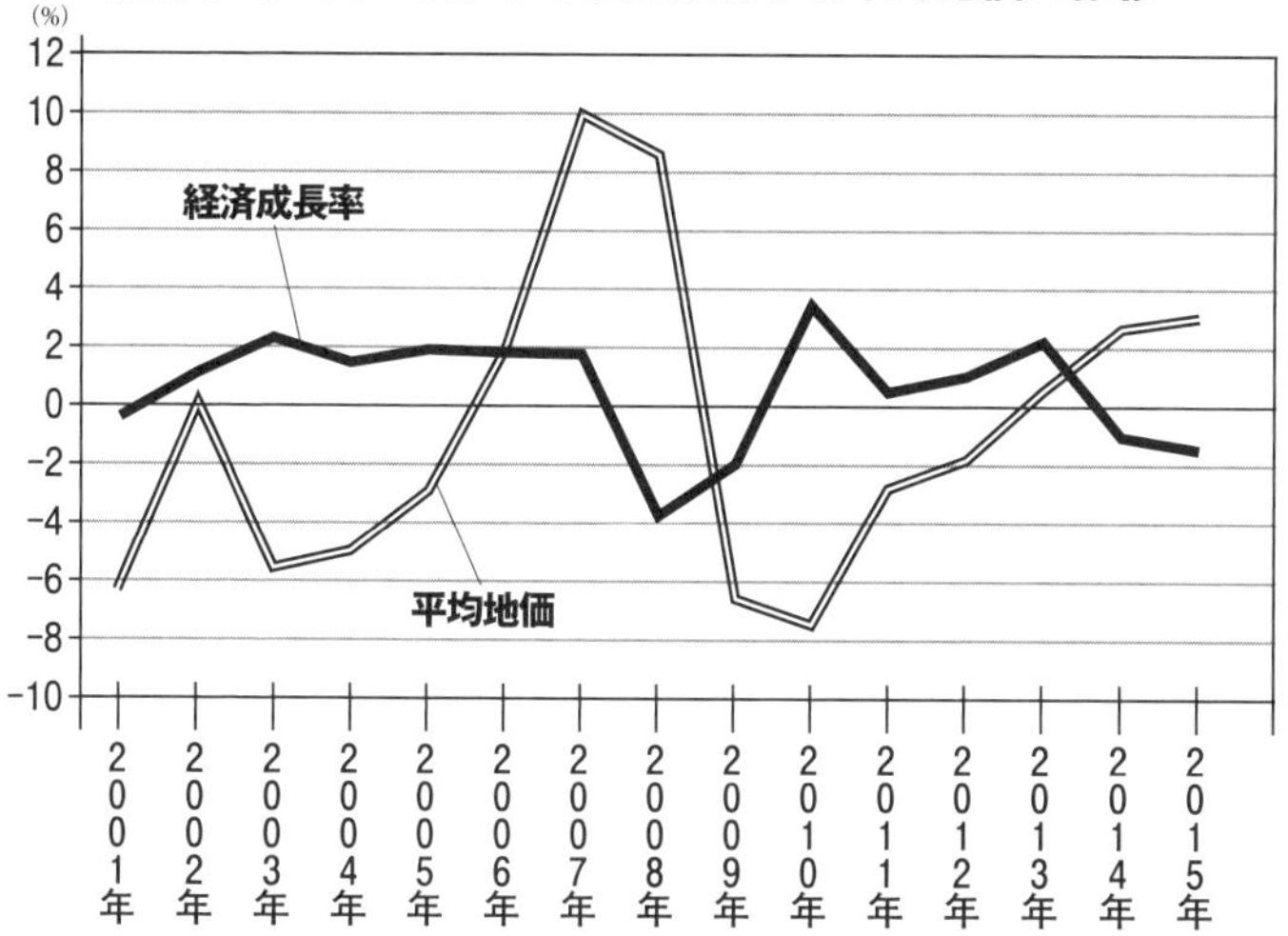

バブルを起こしたものの、２０１５年半ばからは弾けようとしている。

次ページの【図表6】は、１９５６年までさかのぼって、経済成長率の推移をグラフにしたものである。

このグラフからわかるのは、景気変動により毎年の変動にバラつきはあるものの、日本経済が長期的な傾向として、「高度成長期」から「中成長期」を経て「低成長期」へと移り変わってきたということだ。

では、それぞれの期間を区切り、その期間ごとの成長率の平均を取ってみるとどうなるだろうか？

１９５６年〜１９７３年　平均：９・１％

高度成長期

【図表６】日本の経済成長率の推移

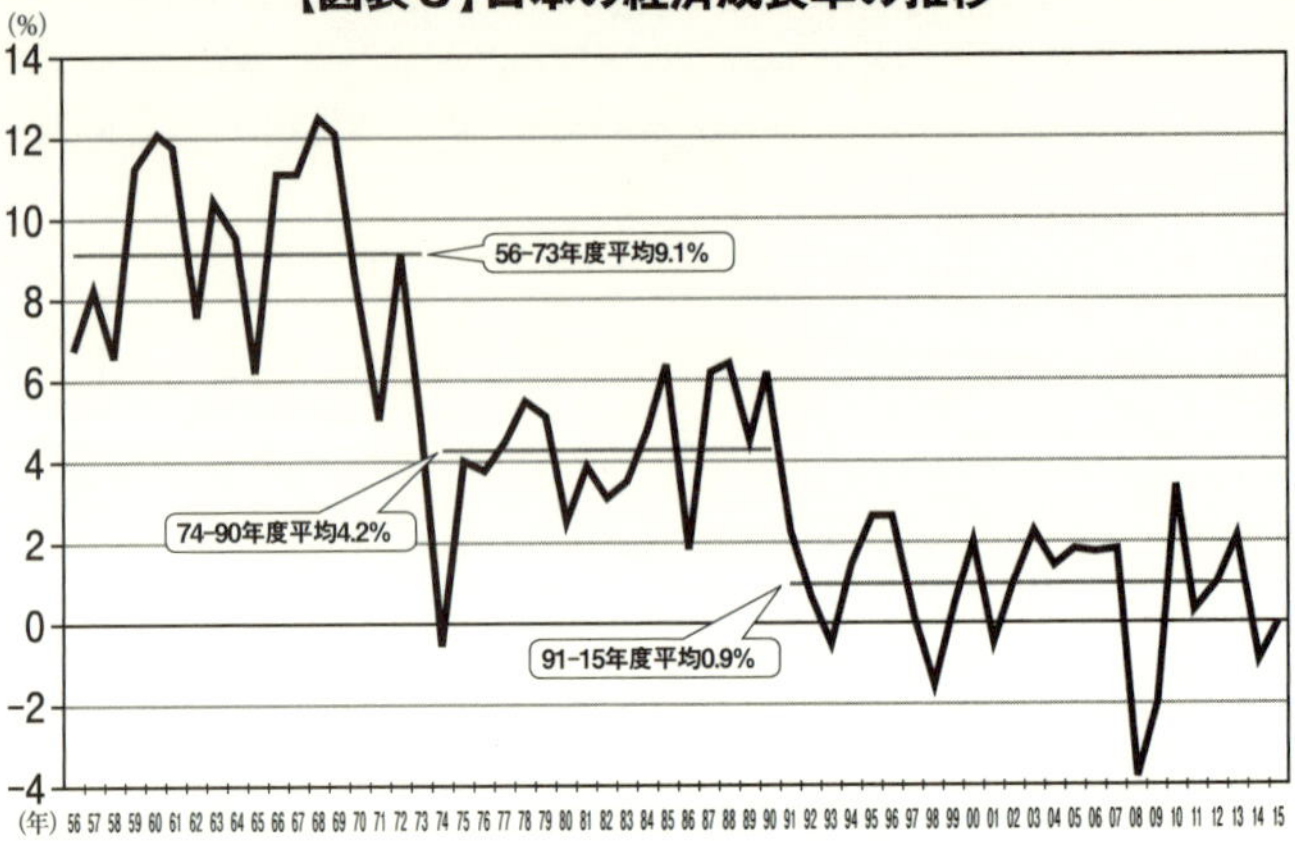

注：年度ベース。93SNA 連鎖方式推計。平均は各年度数値の単純平均。1980 年度以前は「平成 12 年度版国民経済計算年報（63SNA ベース）、1981 年－94 年度は年報（平成 21 年度確報）による。それ以降は、2015 年 1－3 月期 2 次速報値

出典：内閣府 SNA サイト

１９７４年～１９９０年　平均：４・２％
中成長期
１９９１年～２０１５年　平均：０・９％
低成長期

バブルが崩壊して以後、日本経済は「失われた25年」を続けてきた。それで、この期間を「低成長期」として、その間の経済成長率の平均を出してみると、成長率は１％を割り込んで０・９％である。このように、日本は四半世紀にわたってほとんど成長していない。このような状況で、地価が上がるはずがない。実際、地価は「失われた25年」の間、ずっと下がり続けてきた。

では、この先、２０１６年以降はどうなるだろうか？

今後も生産年齢人口の減少が続くので、日本経済が低成長から脱することは困難だ。これまでの低成長期の平均０・９％を続けられるかどうかもわからない。同じく、地価も不動産価格も、人口減が進む以上下がり続けるのは間違いあるまい。

アベノミクスの第2ステージで、日本は「ＧＤＰ６００兆円」を目指すことになった。これは、「名目」で６００兆円ということである。たとえばＧＤＰ計算で、生産や消費で使われた金額が３％増加したとすれば、ＧＤＰは３％増加する。これが名目値である。しかし、使われた金額が３％増加しても、物価が３％上がってしまえば消費者が買えるモノの総量は変わらないから、実質的に経済は成長しない。こちらが実質値である。この場合のＧＤＰ成長率は０％である。

ということは、単純に言ってしまえば、物価を１・２倍にすれば、現在のＧＤＰが約５００兆円なので、ＧＤＰ６００兆円は達成できてしまう。量的緩和を続け、株価も地価も物価も上げ続ければ、それで目標は達成される。

しかし、これはトリック、国家による〝詐欺〟である。

第12章

オリンピック翼賛報道と観光立国

東京五輪はなんのために行われるのか？

東京五輪の招致が決まって以来、それまであった反対派の声はメディアからすっかり消えてしまった。招致前のアンケート調査では、招致反対派と賛成派はほぼ拮抗していたのに、そんなこともすっかり忘れ去られてしまった。「日本人なら立場に関係なく祝うべきだ」「喜んでないのは非国民」という声が、さも正義であるかのようにネットに蔓延《まんえん》した。

そして、始まったのが異常なまでの「五輪翼賛報道」である。そこでここでは、もう一度、東京五輪を経済の観点から問い直してみたい。

まず私たちが問い直さなければいけないのは、2020年の東京オリンピック・パラリンピックはなんのために行うのか？　その目的とはなんだろうか？　ということだ。

大会組織委員会のHPには、「ビジョン」の欄にデカデカと「スポーツには未来を変える力がある」とうたわれ、基本コンセプトとして「全員が自己ベスト」「多様性と調和」「未来への継承」という空疎な三つのキャッチコピーが並んでいる。ただし、これはスポーツとしての東京五輪の目的であり、本当の目的ではない。

いまさら書くまでもないが、東京五輪がスポーツだけのために行われるなどと思っている人は一人もいないだろう。言葉をよくして言えば「経済効果」を狙ったものであり、悪く言えば

「カネ儲け」が本当の目的だ。とくに政治家のなかに、五輪が〝スポーツの祭典〟などと思っている人間は一人もいないはずだ。

これは、新国立競技場の建設が白紙に戻った問題、エンブレムデザインの盗作問題を見れば明らかだ。盗作問題は、東京オリンピックを「東京パクリンピック」に変えてしまうほどひどい話だったが、こうなったのも五輪が「カネ儲け主義者」の祭典だからである。

ここで思い出してもらいたい。招致決定後の記者会見で、安倍首相はなんと言っただろうか？　首相は「15年続いたデフレや縮み志向の経済を、五輪開催を起爆剤として払拭していきたい」と述べ、「成長には明らかにプラスだ。（経済対策として）『第4の矢』の効果はある」と言い切ったのである。

では、それは本当なのか？　五輪をやれば日本経済は復興するのか？　「経済成長にはプラスだ」と言われても、本当にそうなのかを検証するのは、メディアの役割である。はたして今日まで、メディアはそれをしてきただろうか？

「経済効果」の試算には根拠がない

メディアが大好きな言葉の一つに「経済効果」がある。では、経済効果とはなんだろうか？

五輪開催が決まると、五輪招致委員会は、経済効果をおよそ3兆円とアナウンスした。東京都も、2013年から2020年までの7年間に全国で約3兆円の経済効果があり、約15万人の雇用を生み出すと公式に発表した。さらに、民間では、みずほ総合研究所が「約28・9～36兆円規模の経済効果がある」というレポートを公表した。また、民間のエコノミストのなかには、「経済効果は150兆円」「GDPを3%押し上げる」と言う者まで出現した。しかし、これらの試算がいくら大きくとも、それ自体には経済を活性化させる力はない。

というのは、経済効果というのは、そうしたイベントによってどれだけ「カネが動くか」の指標であって、どれだけ「富が生み出されるか」ではないからである。要するに、そのイベントによって地域にいくらカネが落ちるかである。

たとえば、2015年の北陸新幹線の開業で、北陸の富山・金沢には観光客が押し寄せた。観光客が使ったおカネでこの地域は潤った。これが経済効果である。しかし、その観光客はもし北陸に行かなかったら、別の地方に旅行していた可能性が高い。とすれば、北陸を潤したおカネは本来ならほかの地方を潤したはずであり、日本全体で考えればプラスマイナス・ゼロで経済効果などない。消費全体も変わらない。つまり、富は増えていないのだ。

もちろん、五輪ともなれば、世界中から観光客が来るので日本は潤う。しかし、それでも五輪はたった2週間のイベントである。

現在、経済効果の試算は、ほとんどがコンピュータの仕事である。実際の産業社会のミニモデルが組み込まれたソフトに、必要な事項をインプットしてシミュレートすれば、どのような産業にどれだけおカネが回るか知ることができる。このようなミニモデルは「産業連関表」と呼ばれ、国や都道府県のＨＰから、誰でも入手可能だ。

ただし、このシミュレーションにたいした根拠はない。インプットするデータがどれだけ正確かもわからない。しかも、データが変われば結果も変わってしまう。

経済効果などと言っても、結局は「皮算用」にすぎないのだ。

オリンピックをやれば儲かるは本当か？

最近の五輪開催を見ると、北京、ロンドンも開催後、赤字を計上している。新施設をつくっても、以後の需要は減り、設備償却と維持費などで赤字が膨らんでいる。

北京は、国の威信をかけてあれだけの巨大施設をつくったが、その後、莫大な維持費に頭をかかえている。ロンドンですら、当初はうまくいったと言われたのに、最終的には赤字になった。

五輪開催は大規模に民営化されたロス五輪以降、バルセロナを除いてずっと黒字だった。そのため「金の成る木」と言われてきた。それが、最近は赤字続きなのである。だから、東京五輪では当初「コンパクト・オリンピック」が提唱された。施設もできるかぎり既存のものを使い、競技が行われる範囲も東京の湾岸エリアに限定された。

それが、話が進むうちに変わっていった。新国立競技場をめぐるドタバタ劇がいい例で、結局、かつての「土建政治」の復活を思わせた。莫大な税金を使い、あとには赤字と役にたたないハコモノが残るという構図だ。国立競技場の予算問題もエンブレム問題も、既存メディアは批判しただろうか？　とくにエンブレム問題は、既存メディアではないネットメディア、いわゆる「ネット民」たちが火をつけた。政府や官庁などの発表を垂れ流すだけの既存メディアの「翼賛報道」では、この問題は追及されなかっただろう。

五輪開催には反動不況がつきものである。祭りの後だけに、反動は必ず来る。

前回の東京オリンピックのときも、「昭和40年不況（五輪反動不況）」がやってきた。当時のGDPの成長率は名目でも実質でも10％以上あったのに、一気に税収が落ち込み、次年度予算が組めなくなった。そのため、財政法で禁じられているにもかかわらず、赤字国債を特例国債と偽って発行してしまった。それまでの日本は「財政均衡主義」を守り、国債を発行しない国だった。

このときの国債発行額は２５９０億円。当時の国家予算の１００分の１に満たない額だったため、大蔵大臣・福田赳夫も「わずかな額なので」と言ってそれほど気にしなかった。

しかし、いまや国債による政府の借金は１０００兆円を突破している。前回の東京五輪開催は、大会そのものは成功したが、その後の国債発行は私たちの現在に大きな禍根を残したのである。

「日本は素晴らしい」の自画自賛報道

２０２０年の東京オリンピックまでに、外国人観光客を２０００万人に増やす。これが、現在、日本政府が進めている「観光立国」の目標だ。安倍首相もやる気満々で、第３回観光立国推進閣僚会議（２０１４年1月17日）では、冒頭で次のようにあいさつした。

「観光立国の推進は、私の内閣の重要な成長戦略であります。政府全体で『観光立国実現に向けたアクション・プログラム』に取り組んだ結果、史上初めて、訪日外国人旅行者数１０００万人を達成しました。一方で、この数字に甘んじるわけにはまいりません。わが国は、２０２０年オリンピック・パラリンピック東京大会の開催という大きなチャンスを得ました。これを追い風として、２０２０年に向けて、２０００万人の高みを目指していきたいと思います」

そして、２０１５年、訪日外国人客は約１９００万人に達し、計画が前倒しで達成されるのは確実になった。これを受けて、メディアも、外国人観光客の増加を歓迎し、「日本は世界に誇れる観光大国になる」というお祭り報道を続けている。さらに、日本特有の文化とされる「おもてなし」の素晴らしさを強調し、自画自賛報道を続けている。

しかし、外国人観光客増加の中身を見ると、あまり喜べるような状況ではない。なぜなら、増加しているのは中国をはじめとするアジアからの訪日客が中心だからだ。もちろん、いちばん増加したのは、「爆買い中国人」である。

外国人観光客は、周辺国に大きく偏っていて、中国、韓国、台湾など上位6カ国はすべてアジアの国々であり、この上位6カ国で全体の75％を占めている。

国際社会で「観光大国」と認識されているフランスは、年間８４００万人もの外国人観光客が訪れている。それも、世界中から万遍なく観光客を集めている。アジアでも、タイは年間２６００万人の外国人観光客を集め、日本以上に欧米からの観光客が訪れている。つまり、日本は数からいっても、外国人観光客の中身から言っても、依然として「観光後進国」と言ってもいいレベルでしかない。

ところが、日本のおもてなしは世界一だから、まだまだ外国人観光客はやってくる。世界遺産もどんどん増えているから、この先、もっと来るだろうとメディアは言う。

とくに最近のテレビは、毎週のように「日本はすごい」という特集番組をやっている。外国人観光客にマイクを向けて、日本の素晴らしい点を語らせている。しかし、これらの番組で取り上げる外国人観光客はというと、増加している中国人などのアジアからの客ではなく、少ない欧米人に偏っている。たとえば、「こんな絵柄のあるマンホールは日本にしかありません。日本は本当におもしろい」とアメリカ人に言わせている。また、地方の古民家を訪ねるドイツ人バックパッカーなどに、「日本の田舎は素晴らしいよ」と言わせている。

日本人の欧米コンプレックスは抜きがたく、欧米人にほめられたい願望が強い。だから、このような「自画自賛」番組となり、外国人観光客の増加の実態と大きくかけ離れてしまう。

中国人の「爆買いツアー」は一過性

中国人と欧米人は、まったく違う理由で日本に来ている。中国人は、買い物が主体で、そのついでに観光スポットに足を運ぶ。そして、そのほとんどが集団パックツアーである。ところが、欧米人の目的は買い物ではない。これをいっしょくたにして、観光立国政策を進めることはできない。

しかも、中国人の爆買いは、世界中に及んでいる。彼らは日本だけではなく、アメリカでもヨーロッパでも爆買いを繰り返してきた。

ニューヨークでもロサンゼルスでも、パリでもロンドンでも、中国人は買い物をしまくってきた。アメリカの場合、中国人観光客1人あたりが使う金額は、日本で使う金額の3倍という統計がある。ハワイの場合、中国人観光客1人あたりの使う金額は日本人を完全に上回り、ブランドブティックの店員は、いまや中国人のほうに愛想がいい。

中国人が欧米で買うのは主に高級ブランド品である。パリではかつて日本人が買いまくった高級ブランド品を中国人が買いまくっている。また、高級ワインも爆買いしている。もちろん、2015年11月のイスラム国によるテロ以後、中国人観光客は減ったが、それでも中国人の旺盛なブランド品購入欲は落ちていない。

しかし、日本では、紙おむつ、化粧品、薬品、炊飯器、ウオッシュレットなどが中心だ。とくに最近では、日本製の市販薬は「神薬」と呼ばれ、その筆頭に挙げられる目薬「ボーティエ」（参天製薬）が爆買いされている。

そのため、日本の小売業界と観光産業は、中国人対応に大きくシフトするようになった。

しかし、中国人の「爆買い日本ツアー」がこの先も続く可能性は少ない。中国経済そのものが一気に衰退を始めたからだ。実際、2015年になってからの中国国内の消費の落ち込みは惨憺たる状況になった。

たとえば、上海の古北新区《クーペイ》の外国人向けマンションは入居者が減り続け、かつては行列ができていたスタバの店内はガラガラ、スーパーのカルフールもガラガラである。中国は世界でもっともクルマが売れる国だったが、中国自動車工業協会が2015年8月に公表した7月の自動車生産台数は151・8万台で、前年同期比で約11％減、前月比では約18％減と大幅に減っていた。自動車も売れなくなったが、スマホも売れなくなった。2015年4―6月期の中国のスマホ販売台数は、前年同期比で約４％減、四半期ベースで初めて前年を下回った。

国内消費がこれほど冷え込んできたのに、国外消費が今後も伸びるだろうか？

さらに、中国という国は政策によって国民生活を一気に変えてしまうことができる国である。たとえば、中国政府は、２０１５年10月1日から、これまで「爆買い」を支えてきた「銀聯《インリアン》（カード）」（ユニオンペイ）から引き出せる上限額を一気に変えてしまった。それまでは、1日に引き出せる金額の上限は1万元（1元＝19円とすれば19万円）だったが、この日からは、カード1枚につき最大5万元（約94万円）しか下ろせなくしてしまったのだ。しかも、この通達は9月29日に出された。

はたして、中国人の爆買い日本ツアーはいつまで続くだろうか？

滞在型ラグジュアリートラベルができない

メディアは、「外国人観光客の増加」「日本は素晴らしい」報道にかまけるばかりで、日本の観光産業が持つ致命的な欠陥にあまりふれない。

それは、日本の観光インフラが、欧米人観光客のニーズに適していないこと。もう一つは、日本の高齢社会化が観光客には不評なことである。

日本にわざわざやって来る非アジア圏の外国人は、若いバックパーカーたちを別として、ほとんどが欧米富裕層か上位中流層である。彼らはほぼ東京か京都と、その周辺の温泉地にしか行かない。それ以外では、オーストラリア人の聖地となった北海道のニセコぐらいだ。

2015年7月、アメリカの旅行誌『Travel + Leisure』の読者投票による「魅力的な観光都市」年間ランキングに、京都が2年連続で1位に選ばれた。2位は僅差で、サウスカロライナ州のチャールストン。3位は、カンボジアのアンコールワット遺跡群の観光拠点シェムリアップである。

これが、欧米富裕層の嗜好で、京都がトップという意味を、日本人はもっと考えたほうがいいだろう。

欧米人にとって京都の価値は、日本文化を堪能できる歴史的なスポットということにある。彼らは、龍安寺にある日本庭園や、神社仏閣の独特の造りに興味を示し、さらに日本の伝統的な食文化が味わえることに感激する。

つまり、オリエンタルであること、ジャパネスクであることが最大のウリだ。ただし、これに高級感のある滞在がセットであることが求められる。京都はその点も充実している。リッツカールトン、ウェスティン、ハイアットリージェンシーなどの欧米系の5つ星ホテルと、最高級の和風旅館がある。そのなかでも、2015年3月、嵐山の保津川沿いに開業した「翠嵐ラグジュアリーコレクションホテル京都」(スターウッドホテル&リゾート)は、欧米富裕層客に絶大な人気を集めている。

ところが、東京には欧米富裕層向けの外資系高級ホテルはほとんどがそろっていても、世界の大都市に普通にある高級ブティックホテル、高級コンドミニアムがほとんどない。

東京ばかりか、彼らが出向くはずの周辺観光地、箱根・伊豆、鎌倉、軽井沢などに、高級リゾート型のホテル、宿、コンドがあまりない。

こうしたことから言えるのは、日本の観光産業はもっと欧米富裕層向けの高級リゾートとホテル、サービスを用意すべきだということだ。このままでは、外資にほとんど持っていかれてしまうだろう。しかも、日本には富裕層向けのバトラーやコンシェルジュサービスが少ない。そのため、欧米富裕層は、日本には長期滞在をしない。

私は日本でも有数の観光地・鎌倉で育ったが、鎌倉の観光施設の貧弱さにはがっかりする。京都と比べたら、それこそ10分の1以下のポテンシャルしかない。とくに、宿泊施設は話にならない。5つ星ホテルもない。これは東京から近いから必要ないと考えたからだろう。観光バスの1日ツアーで十分だと思っているからだ。

しかし、いまや世界では、滞在型観光が主流。古都の文化遺産と目の前に湘南海岸という有数の資源があるのに、このままでは欧米人富裕層は増えない。

若者たちの世界トラベルにも適していない

欧米の若者たちは、若いときに世界を見て歩く。とくにドイツの若者は「アビトゥア」（大学入学資格試験）に受かればいつでも大学に入れるので、バックパッカーとして世界を旅する。アメリカの学生も、「スタディアブロード」（海外学習）があるので、海外に出る機会は多い。

そんな彼らが好むのは、その国特有の文化や伝統が残る地方であり、大都市や観光地らしい観光地ではない。日本の観光地によくある温泉旅館とホテルが合体したようなところには泊まらない。

たとえば、古民家群がある飛騨高山では、古民家にそのまま宿泊できることが人気になっている。欧州では数年前からアグリツーリズムが人気になっているが、それは田舎そのものを満喫できるからだ。つまり、地方の場合、なにも手を加えないことのほうが、富裕層ではない欧米の若い観光客を惹きつける。とくに、いまの欧米の若者はネットで検索して、日本の有名観光地ではない意外なところにやって来ている。

ところが、日本の地方は、旅の基本的なインフラが整っていないところが多い。公共交通のチケットは外国発行のクレジットカードでは買えないし、全国に山とあるATMの多くも海外のクレジットカード、銀行カードに対応していない。最近は減ったが、ついこの前まではフリ

－ＷｉＦｉがなくてスマホが使えずに困っている外国人の若者たちをよく見かけた。

カードとスマホはいまでは暮らしのマストアイテムである。ところが、日本では、国内のものには対応しているが、海外のものには対応が進んでいない。大都市はいいとして、地方の温泉旅館などに行くと、いまだに部屋ではネットが使えないところがある。また、コンビニのＡＴＭにいたっては、国内カードしか使えない（セブンイレブンＡＴＭはＨＳＢＣに対応しているので例外）。

さらに、すでにアメリカでは一般化したスマホを活用した配車サービス「Uber（ウーバー）」が未発達だ。また、個人が所有している部屋を有料で旅行者に貸し出すネットサービス「Airbnb（エアビーアンドビー）」も、発展を妨げられている。

日本では２０１４年から事業を開始しているが、旅館業法などの壁があって一般化していない。五輪に向けて規制緩和されれば、都市と地方にある空き家の有効活用にもなる。そしてさらに、日本が本当に観光大国になるには、英語の壁を乗り越えなければならない。観光地で日常的な英語が通じなければ、外国人観光客が劇的に増えることはないだろう。

「老人シティ・トーキョー」に魅力はあるか？

観光立国推進の報道で、メディアがほとんどふれない大問題がある。それは、日本社会が猛スピードで高齢化していることだ。これが、今後の外国人観光客増加のハードルになることに、多くのメディアは気づいていない。

私が初来日した外国人、若者からも年配者からも等しく聞かされるのは「日本でバスやタクシーに乗ると、ドライバーは老人ばかり。なぜなんですか?」ということ。そして、彼らは決まって「不安だ」と言うのである。テレビの日本礼賛番組では、こうしたコメントはカットされている。

「東京のタクシー運転手はみな親切で、ぼったくりがないからいい。ただ、運転手がみな老人なので、毎回、不安になる。英語があまり通じないのは仕方ないが、重い荷物となると運べない。チップがないから仕方ないが、それでも運ぼうとしてくれるので気の毒になる」

と、日本滞在が長い外国人記者は言う。

たしかに、日本のタクシー運転手やバス運転手は高齢化が進んでいる。厚生労働省の調べによると、2013年の全国のタクシー運転手(男性)の平均年齢は58・4歳で、全産業の42・8歳を大きく上回っている。また、東京でタクシーが起こした事故件数の全自動車の事故数に占める割合も、1989年の5・8%から2013年は9・9%と増加している。外国人が不安を感じるのも無理はない。

高齢化は日本の最大の問題と言っていいが、その高齢化がいちばん進んでいるのは、ほかならぬ東京だ。タクシー運転手が老人ばかりであることに驚いた訪日外国人は、次に街を歩いて老人ばかり目につくことに驚く。

だから、私の知り合いのアメリカ人記者は皮肉を込めてこう言う。

「東京オリンピックのとき、スタジアムの席を埋めているのは、ほとんどが老人だろう。いまの日本の若者はバカ高いオリンピックのチケットを買えないからね。老人観客がいっぱいのなかで、若いアスリートがメダルを争う。こんなオリンピックは前代未聞だ」

オリンピック開催には大量のボランティアが必要とされる。そのボランティアも引退した老人ばかりになったらどうなるのだろうか。

高齢社会の最大の問題点は、社会が発展せず停滞してしまうということだ。高齢者と若者では、求めるものが大きく違う。

ペンシルベニア大学のキャシー・モギルナー教授が、10代、20代、30代、40代、50代の5つのグループに分けて「幸福感」に関して調査した研究がある。モギルナー教授の調査チームはコンピュータープログラムを使って、年齢層ごとに使われる幸福感やそのほかの感情に関連する言葉を分析し、各年齢層がどのように幸福を定義しているかを調査した。

その結果、若年層は幸福を「刺激」や「興奮」と結びつける傾向が高かったのに対して、高齢になるほど幸せを「平穏さ」や「満足感」に結びつけることがわかった。つまり、若いころは刺激を、高齢になると平穏さを求めるというのだ。この結果は当然と言えば当然で、高齢者中心の社会では変革が起こらないことを端的に示している。

五輪で来日する外国人に、はたして、「高齢化ニッポン」「老人シティ・トーキョー」はどう映るのだろうか？

第13章

〝インフレ税〟で政府だけが生き延びる

すっかり影を潜めた「財政破綻」論

「日本はやがて財政破綻する」と、20年以上も前から言われてきた。そして、民主党政権時代になると、大手メディアもこれを取り上げ国民に警告するようになった。たとえば、消費税増税が決まった年の大晦日（2012年12月31日）の朝日新聞は、「国家破綻を防げ」と題して、編集委員・小此木潔氏の次のような論説を一面トップに掲載した。

《「景気が悪いのに増税とは何事か」「無駄削減が先決」いずれの意見にもうなずきたくなるが、増税を先送りしていけば未来はどうなるだろう。

待っているのは「国家破綻」ではないか。野田政権が前途多難を承知で消費税率引き上げ方針を固めたのも、その危機感からに他ならない。》

《絶対に避けるべき「国家破綻」とは財政の破綻であり、社会保障と経済社会全体の危機でもある。やがて一千兆円を上回る政府債務（借金）が雪だるま式に膨れ上がれば日本の国債が売られ暴落する日が来る。国債を保有している銀行が巨額の損失をこうむり、金融恐慌と大不況に陥りかねない。大量失業で家計も社会も困窮する。年金も医療、介護などの福祉も荒廃し、国民全体が苦難を味わう。

こうした破綻を防ぎつつ、大震災からの復興を進め、社会保障の安心を土台に新しい時代の経済成長を促進したい。そのために増税は求められている。》

これは、「増税によって国家破綻を防げ」という堂々たる主張で、「このままでは日本の財政は破綻する」ということを前提としていた。

しかし、不思議なことにアベノミクスが始まると、財政破綻論は影を潜めるようになった。それればかりか、「財政破綻は財務省の増税のための方便」であり、実際は「財政破綻などありえない」と主張をするメディア、評論家が現れた。「日本国債はほとんどが国内で消化されているので破綻しない」「国家の負債は国民の財産」という〝お花畑思考〟で、読者を煙に巻くようになった。

しかし、どこをどう見てもすでに日本の財政は破綻状態にある。これが企業なら、債務超過に陥って緊急に再建計画を実施しなければ倒産は間違いない。ところが、国家なので、国民が毎年納める税金と銀行に貯蓄された預貯金というフローのおカネがあるので破綻しないですんでいるだけだ。

つまり、破綻は〝先送り〟されている。

2060年、国の借金1京1400兆円という未来図

アベノミクスがうまくいっているように思われていた2014年4月28日、財務省の諮問機関である財政制度等審議会の財政制度分科会が試算した「我が国の財政に関する長期推計」が発表された。

この長期推計を見て、驚いた関係者は多い。なぜなら、試算の仕方があまりも楽観的で、なおかつその数値がありえない額になっていたからだ。

長期推計のポイントは、次の2点だった。

・2020年度の日本国政府・地方の借金総額は1500兆円
・2060年度の日本国政府・地方の借金総額は1京1400兆円

このうち2060年の推計値を信じることができるだろうか？　財務省の発表を受けて、大新聞は小さい記事ながら、次のように報道した（一部抜粋）。

読売新聞：《長期推計は、欧州連合（EU）欧州委員会の財政分析の手法を活用した。名目

成長率3・0％、長期金利3・7％で試算すると、60年度の名目GDPは約2053兆円。収支改善を行わないまま、現在のさまざまな制度や施策を続けた場合、医療など社会保障費の伸びを背景に、借金は20年度に1500兆円、60年度に1京1400兆円となる見込みだ。消費税率は10％を想定した。》

朝日新聞：《財務省の諮問機関である財政制度等審議会は28日、国の借金を減らすためにどれだけ歳入を増やしたり歳出を減らしたりする必要があるかという試算をまとめた。2021年度に国内総生産（GDP）8・9％にあたる約57兆円分が必要だという。消費増税によって歳入を増やすだけで達成しようとすると、消費税率を30％近くまで引き上げなければならない計算だ。》

それでは、この報告者と報道からなにが読み取れるだろうか？

まず、2020年の東京オリンピックのときに、国の財政を持たせるには消費税を30％にするか、社会保障費（医療費、年金）などを大幅に削るほかにないということ。次に、約半世紀後の2060年には、現状のままいけば日本国は確実に破綻し、国のかたちが違っているということだろう。繰り返すが、2060年の国の借金は1京1400兆円であり、このときの名目GDPは約2053兆円だから、対GDP比で政府債務は約5・5倍になる。これは現在の対

GDP比2・5倍（2014年度で246％）から見てありえるはずがない。

報告書では、名目成長率を3・0％（実質2・0％）としていた。今後半世紀にわたって日本は3・0％成長を続けるというのだ。これだけでも驚きだが、長期金利が3・7％という設定にはさらに驚かされる。単純に計算して、現在の国の借金約1000兆円に3・7％を掛ければ、国債の利払い費は年間で37兆円となる。これに国債の元本償却費約20兆円をたすと57兆円になる。これは、税収のすべてを借金返済に回すということだから、この長期金利がいま実現してしまえば日本国は即座に破綻する。

一般的に考えて、長期金利を成長率より高く設定すれば、借金国家は必ず破綻する。

アベノミクスでは、財政再建を「経済成長で達成できる」としてきた。経済成長してGDPが増えれば税収も増える。よって、借金は返していけるという理屈だ。つまり、なにもかもが経済成長を前提にした〝希望的観測〟に基づいているのである。

「経済再生なくして財政健全化なし」の甘さ

毎年、借金が積み上がるなかで、これまで何度も叫ばれてきたのが「財政再建」である。IMFも年中行事のように日本に財政再建を求めてきた。日本政府自身も、政府内の諮問機関も、毎年、各種の試算を公表しては「財政再建は急務」と言ってきた。

しかし、これまで財政再建のための確固たる政策が実施されたことは一度もない。安倍政権のスタンスもまた「基礎的財政収支（プライマリーバランス）を２０２０年までに黒字化し、政府債務の対GDP比を減らしていく」ということになっているが、これが実現する可能性はまったくない。一つは、経済成長に関する試算が甘すぎること、もう一つは、経済成長そのものが達成できる可能性がかぎりなく低いからだ。そもそも達成できそうもないことを前提にして試算し、対策を立てること自体がおかしいのに、日本政府はこれを繰り返してきた。

結局、政府組織と政治家が行いたいのは「自分たちが現役のときだけは危機を顕在化させては困るが、あとは知らない」ということに尽きる。つまり〝先送り〟である。

では、ここで、２０１５年6月30日に閣議決定された財政再建計画が達成可能かどうか検証してみよう。

この日、経済財政諮問会議・産業競争力会議合同会議が開かれ、「経済財政運営と改革の基本方針２０１５～経済再生なくして財政健全化なし～」（骨太方針）が、閣議で決定された。その内容を詳しく論じる紙数がないので、以下、要点を記すと、ここでは二つのシナリオが提示されていた。

一つは、名目GDPが3％以上、実質が2％以上の経済成長を続ける「経済再生シナリオ」。もう一つが、名目が1％台半ば、実質が1％弱の成長率が続く「ベースラインシナリオ」である。

前記したように、現在の政府債務は対GDP比で246％である。これは、ギリシャを抜いてダントツで1位だが、経済再生シナリオでは2020年にこれが186・0％程度となり、ベースラインシナリオでは206・4％程度となると試算されていた。両者とも確実に減るわけだ。

しかし、本当にこんなシナリオが成立するのだろうか？

経済再生ケースの「名目が3％以上、実質が2％以上の経済成長」は、どこからどう見てもありえない。実際に、日本のGDP成長率はマイナスに転じている。また、IMFの成長率の長期見通しでは、日本の実質成長率は2020年度まで1％にも達していない。これは、ギリシャの成長率より低い。

政府がベースラインとする「実質1％弱、名目1％半」ですら、IMFから見れば「甘すぎる」ことになる。

経済成長率ばかりか、歳入（税収）見通しに関しても、政府の見通しは甘い。財政運営というのは、税収の見通しを前提とする。したがって、この見通しが甘くなれば、歳出削減の努力がされなくなり財政はザル化する。

では、どのように甘いかと言うと、経済再生シナリオでは2020年度の税収が69・5兆円となっていたことだ。これはバブル期の税収である1989年度の60・1兆円を8兆円以上上回っている。こんなに簡単に税収が増えるわけがない。それこそ消費税を15％以上にして、国民のおカネを奪えば可能かもしれないが、そんなことができるだろうか？

2014年度の税収額は54兆円と、2013年度決算の47兆円と比べると7兆円増加した。これは、消費税増税とアベノミクスの成果とされた。たしかに消費税が5％から8％へ引き上げられたことで、税収は4・9兆円増加した。また、所得税は1・3兆円、法人税は0・5兆円増加した。

しかし、今後も毎年のように、税収が増加していくはずがない。「経済再生なくして財政健全化なし」のスローガンは間違ってはいない。しかし、経済再生が神頼みでは、これはウソになる。経済成長は神頼みでも増税は確実にやる。これがアベノミクスの本当のシナリオだとしたら、私たちにとってあまりに過酷なシナリオだ。

異次元緩和には〝裏目的〟がある

アベノミクスが、じつは政府・財務省の「延命策」で、日本経済の再生を考慮に入れず、単に財政破綻を先送りするために仕組まれたものだという見方もできる。

つまり、アベノミクスは表向きの「デフレ脱却、インフレ誘導、景気回復」などとは正反対の〝裏目的〟を持っているということである。

もしアベノミクスが大成功して、景気が本格的に回復し、目標とした「物価上昇2％、名目成長率3％」が起こったらどうなるだろうか？

景気が本当に回復すれば、当然だが、市中の資金需要が増して長期金利は上昇する。すると、民間の金融機関は国債を買うのを止め、政府の国債の利払い費は増え、単年度の財政はたちまち逼迫する。これを防ぐために、日銀が行ったのが異次元緩和で、事実上の〝財政ファイナンス〟ではないのか？　異次元緩和は景気回復を目指したのではなく、「国債の金利を低く抑えること」を目指したのだ。とすれば、これを続けるためには、景気が回復しては困る。だから、消費税など多くの税を増税して、景気回復にブレーキをかけたのではないか？

そもそも景気回復のための時間稼ぎでやっている異次元緩和と、景気を冷やすのが確実な増税がセットであること自体がおかしかった。本当に景気だけを回復させたければ、すべきは増税より減税である。それなのに、増税をやったのは、金利上昇を防ぐ意図があったと思うしかない。

現在の政府債務の大きさから見て、政府としてはなにがなんでも長期金利が上がることは避けなければならない。

「金利抑制」こそが、政府がいちばんに目指さなければならないことだ。

金利を低位に安定維持して、日本の財政を支えるという「金融抑制」は、じつは、アベノミクス以前からずっと行われてきた。黒田バズーカ砲が登場する以前、白川総裁時代も、日銀はこの目的を持って金融政策を行ってきた。いわゆる「ゼロ金利政策」である。異次元緩和は、それも利かなくなったので、さらに大胆にやっただけなのではないか？

日銀によって国債市場は機能しなくなった

第5章で詳述したように、アベノミクスの異次元緩和以前と以後を比較して言えることは、異次元緩和以降は、日銀の当座預金残高がどんどん積み上がっていることだ。これで、日銀は国債を買い増してきた。では、それを単純にまとめてみよう。

［アベノミクス以前］
民間に資金需要がないため銀行に預金が積み上がる↓銀行は投資先がないので国債を買う

［アベノミクス以後］
日銀が銀行から長期国債を中心に買い上げる↓銀行はやはり資金需要がないので日銀の当座預金にブタ積みにする↓日銀が当座預金を国債で運用する

こうして、発行される国債のほとんどが日銀管理となり、日本では事実上、国債市場が機能しなくなってしまった。2015年末で、日銀は市場に流通する国債の3割以上を所有する「国債管理銀行」と化した。

こうして、金利上昇のリスクは民間から日銀に移り、金利抑圧政策は成功した。財政破綻は先送りされ、政府は国債をさらに発行し、いままでどおりにバラまき続けられることになった。しかし、こんなうまい話が将来にわたって続けられるだろうか?

前記したように、景気が回復して民間の資金需要が旺盛になったと仮定しよう。そうなれば、預金金利は上昇する。すると、銀行は日銀の当座預金を取り崩して、もっと金利の稼げる運用に切り替える。こうなると、金利の安い新発国債は売れなくなる。当然だが、国債金利は上昇せざるを得ない。上昇したら、政府財政のやりくりが苦しくなる。このような矛盾を孕んでいるのに、政府は本当に景気を回復させるだろうか?

とはいえ、経済は生き物だから、本当に景気が回復することもありえなくはない。しかし、そのときは金利抑圧ができなくなるので、異次元緩和は財政法で禁じられた「国債の直接買い入れ」に踏み込むだろう。そうなると、本当の〝財政ファイナンス〟になってしまうが、そうしないと国債を持つ金融機関は破綻の危機に直面し、預金取り付け騒ぎも起こるので、政府はこれをやるしかない。

本来なら、景気が悪いなら減税をして、その間、政府機関の縮小、公務員のリストラ、福祉のカット、そして大胆な構造改革を行い、国民はその〝痛み〟に耐えて、経済の自律的回復を待つほかない。しかし、そのような政策は、これまで与党からも野党からも出てきたことはない。民主党は政権奪取でそれをほんの少しやろうとしたが、やり方がデタラメすぎたため政権を失った。そして、自民党はそれを逆手に取って、〝財政ファイナンス〟という金融詐欺に踏み込んだ。

いまや歳出カットなどと言い出したら選挙に勝てないので、与野党ともウソとわかっていても、「国民のため」と称して、本来行うべき政策を行おうとしない。そのため、能天気な経済学者の言説がまかりとおる。その結果、すべてが先送りされる。しかし、経済成長（景気回復）で、財政危機を解決することは困難極まりなく、歴史上それがあるのは、たまたま幸運に恵まれた国だけだ。

となると、緊縮財政をやらないのなら、現在行われているアベノミクスによる「金融抑圧」の先にあるものは、政府による「債務不履行」（国債のデフォルト＝財政破綻）か「インフレによる債務の圧縮」しかない。

このうち、財政破綻では、国民の怒りが爆発し、政権は倒れ、責任者は追放される。したがって、それを避けるためには、政府債務を自動的に圧縮するインフレを選ぶしかない。これが

〝インフレ税〟で、これにより政治家と政府（財務省などの官庁組織）は生き延びることができる。現在、日銀がやっている異次元緩和は、「中央銀行による財政ファイナンス」、あるいは「国債の貨幣化」である。これは、政府債務を中央銀行がマネーを増発することによって買い上げてしまうことを指す。つまり、これまで民間が政府と中央銀行に対して持っていた債権は、国債というかたちからマネーというかたちに変わってしまう。こうなると、政府は債務を返済する必要はなくなる。しかも、マネーには金利がつかないので、財政は破綻しない。

ただし、ここに大きな問題がある。

中央銀行がマネーを増発すれば、当然、貨幣の価値が下がり、否応なしにインフレが起こってしまうからだ。このインフレのコントロールが利かなくなれば、政府債務は解消するが、その負担は国民に回る。これが〝インフレ税〟である。

〝インフレ税〟で政府の放漫財政のツケを払う

政府と日銀が一体化して「異次元緩和」という〝財政ファイナンス〟に手をつけてしまった以上、よほどのことがないかぎりここからは出られない。出口がない。

なぜなら、インフレが本当に起こり、それが進んだとき、物価の安定のためにゼロ金利を解除するようなかつての金融政策は実施できなくなるからだ。量的金融緩和を縮小（テーパリング）する必要が生じても、それを実施したら金利が跳ね上がってしまう。

この危機を意識して、ついに日銀自身も収益を平準化するための引当金制度拡充の具体策を決めた。２０１５年11月27日、日銀は、保有国債からの金利収入の差の50％をメドに「債券取引損失引当金」に繰り入れたり取り崩したりできるように制度を変更した。要は、大量に保有している国債の暴落に備えて、収益が上がっているうちに引当金を積んでおくということだ。

量的緩和開始以来、日銀の総資産は増え続けている。緩和以前の２０１３年３月末に約１６５兆円だった総資産は、２年後の２０１５年３月末には約３２４兆円になった。なんと、２倍に膨れ上がった。これは、年間80兆円の国債を購入し、そのうえに価格変動が大きいＥＴＦやＪ―ＲＥＩＴまで買ってきたからだ。

このまま行くと、２０１６年は、長期国債の発行額の約９割を日銀が買い入れることになるが、もし、これが暴落すれば日銀自身が傾いてしまう。

そのため、日銀はこれまで日銀法で定められた法定準備率（最終利益の５％）を大きく超える25％の準備金を積み立ててきた。しかし、この法定準備金は赤字にならないと取り崩せない。そのため、より柔軟に対応するための処置として、引当金の積増しを行ったのである。

これは、日銀自身が危機を極めて現実的なものと意識し始めたことの現れである。

第５章で述べたように、現在、金利が抑圧されているのは、日銀当座預金にマネーがブタ積みされているからである。この当座預金の超過準備部分に日銀は0・1％の付利を付けている。だから、民間の銀行はおカネを引き出さない。

しかし、この付利をなくして金利ゼロにしたら、民間の銀行はおカネを引き出すしかなくなる。そうなったら、どうなるだろうか？　当然、日銀は日銀券を増刷しなければならなくなる。そうなると、マネーストックは一気に増加し、いま以上の大量のマネーが市中に溢れ出す。これが、国債が貨幣化されるということで、当然だが、貨幣インフレが進む。

貨幣価値を安定させるのが、中央銀行の大きな役目である。しかしいまの日銀は、これができなくなるジレンマを抱えているのだ。巨額の政府債務がある下でインフレ率が上がった場合、そのインフレ率を抑えるような「ゼロ金利解除」や「量的緩和の解除」が取れるだろうか？

そんなことをすれば、貨幣インフレはさらに進むだろう。金利が跳ね上がるのは確実だ。日銀はこのとき、「長期金利の安定」と「インフレの安定」という二律背反問題に直面する。そうなると、財政破綻を避けるために選択するのは「長期金利の安定」のほうではないか？

インフレ率が上がっているのに長期金利を上がらないようにすると、実質金利はマイナスになる。それは円安を引き起こし、輸入物価の上昇を通じて、さらなるインフレ率の上昇を引き起こす。結果的に、長期金利の安定を維持できても、物価の安定は損なわれる。物価の急騰のツケは国民生活を直撃する。国民はこうして払わなくてもいい〝インフレ税〟を強制的に払わされ、政府を助けるのである。

アベノミクスは、この〝インフレ税〟への道をひたすら歩んでいる。そして、そこにいたるスピードを加速させるという最悪の政策である。

政府の歳出にキャップをかけるべき

国民生活を考えたなら、政府が本来やるべきことは、一刻も早く「歳出削減による税財政再建」を大胆に進めることだろう。アベノミクスで税収増になったので、歳出削減はしなくとも大丈夫。経済成長すれば、税収は自然に増加し、それによって財政再建が可能になるという〝お花畑思考〟を捨てることだ。

もし、アベノミクスで本当に景気がよくなっているなら、財政再建は前倒しでもやらなければならない。そうでなければ、いったいいつやるというのだろうか？

「追加緩和」「補正予算に財政出動」は悪魔の選択肢だ。

議会が国民のために存在するなら、議会は政府の歳出に一刻も早くキャップをかける（上限を設ける）べきだ。かつて財政健全化に成功した国、カナダ、スウェーデン、オランダ、ニュージーランドなどでは、いずれも歳出上限が設けられてきた。

しかし、これを主張するメディアはない。２０１５年秋にＧＤＰのマイナス成長が現実化すると経済記者は紋切り型の記事で、「市場は追加緩和を求めている」「補正予算が待たれる」などと書いた。

前述した2015年6月30日の経済財政諮問会議・産業競争力会議合同会議後の記者会見で、甘利明・経済財政政策担当大臣は、今回のプランを小泉政権で策定した2006年の骨太の方針と比べ、「一時的な我慢でなく構造改革の結果として財政再建が進んでいくプランだ」と説明した。そして、こう言い放った。

「(2006年のプランは)キャップ(歳出上限)を設けて無理無理でも(歳出削減を)やるもので、人件費などへのプレッシャーになった。我慢しきれなくなったときに暴発して元の木阿弥になる危険性があった」(=だから歳出上限は設けない)

もはや、日本政府の感覚は完全に麻痺している。

いくら働いても報われない社会でいいのか?

現在の日本は、かつてどの国も直面したことがないような大きな問題を抱えている。人口減と急速に進む高齢化、そして旧態依然たる産業構造などが、成長を阻んでいる。それなのに、この国のシステムはかつての成長期につくられたまま温存されている。これを温存するためには、莫大な税金がかかるが、いまや増税だけではまかないきれないこともはっきりした。

毎年債務を積み上げ、巨額の財政資金を使いながらも、なぜ社会は二極化し、貧困層が増えているのだろうか？　なぜ、貧しい若者から裕福な高齢者に所得の移転が進むようなことが起こっているのか？

年金も医療費も制度を維持することよりも、制度そのものを大胆に変えてしまうことをしなければならないはずだ。アベノミクスはここに踏み込まない。

年金支給年齢を早急に70歳以上に引き上げ、医療サービスも一律補塡ではなく、疾病の重篤度に応じて支給するように制度変更する必要がある。

現在の日本に必要なのは、低成長の時代に対応した政策である。アベノミクスのような「成長頼み」一辺倒の政策ではない。国民に一時的な痛みがあるにせよ、大胆な歳出削減と制度改革に踏み切り、政府を小さくすることである。

このままでは、政府だけが生き残って、日本人全体が貧しくなっていくということが起こる。

現実問題として、これまでの日本で大胆な制度改革が行われたことは一度もない。財政健全化にしても、1990～93年度にかけて一時的に赤字国債発行がゼロになったことがあるだけだ。それなのに、「潜在成長率が下がっているから成長ができないうえ、財政赤字も膨らんでいる」ということが認識されていない。

歴史的に見ると、政府債務は多くの場合、インフレ税で解消されてきた。その負担者は、政府債務の貸し手である私たち国民だ。「対外債務でないから日本は財政破綻しない」などという〝お花畑思考〟で洗脳されていると、私たちは未来を大きく誤る。

結局、潜在的に成長できなくなっている国では、いくら働いても報われない。今後もこれが続くなら、私たちは政府と関係なく、自力で自分の資産を守らなければならない。

おわりに

この世の中には、二つの情報がある。メディアが伝える情報と伝えない情報の二つだ。このうちの「メディアが伝える情報」に影響を受けながら、世の中のほとんどの人間が生きている。つまり、メディアが伝えない情報は、たとえそれが真実だとしても、私たちは知ることができず、知らないままに一生を送るようになっている。それで人生に支障をきたさないのならいいが、現在の日本が置かれている状況を見ると、どうもそうはいかなくなってきている。

アベノミクスを批判すると「お前は経済の専門家でもないのに、よくそんなことが言えるな」という批判が来る。ネットは匿名コメントの洪水状態にあり、匿名だと人はなんでも言える。しかし、私はアベノミクスという経済政策は批判してきたが、安倍政権が成立させた「安保法制」を批判したこともなければ、安全保障政策を批判したこともない。むしろ、日本にとって必要なことだと、各種媒体で述べてきた。

それなのに、批判者は「反安倍」というレッテルを貼ってくる。

彼らは単純な二元論の世界で生きている。ものごとを二つに分けてしか理解できないのだから「情弱」である。もし、経済の専門家とされる経済学者、エコノミスト、アナリストばかりが経済を語り、それによって経済政策が実施されるなら、なぜ、アベノミクスはこうもうまく行かないのか？

専門家の意見ばかり聞き、それを正しいことと思うのは勝手だが、このような権威主義を信奉すると、人はいとも簡単に〝印象操作〟の罠にはまり、〝洗脳〟される。

「権威ある学者先生が言うのだから間違いない」「株の専門家がそう言うのだから株価は上がる」では、ものごとの本質を見失う。

しかも、専門家と称する人々は専門用語を使う。専門用語というのは、それを知らないとそこで情報が遮断されてしまうので、〝印象操作〟より悪質な〝情報操作〟である。メディアもまた同じだ。権威あるというメディアほど、専門用語で経済を語り、最近では政権癒着がひどい。

第5章で指摘したように、新帝国循環は経済学では説明できない「政治力」「軍事力」などによる国家のバランス・オブ・パワーによって起こる。アメリカがＱＥでうまくいったからといっても、この日本が同じような量的緩和でうまくいくはずがない。アメリカは世界覇権国家であり、日本はアメリカとは歴史もシステムも違うアメリカの「属国」である。ドルは基軸通貨だが、円は国際通貨といっても単なるローカルカレンシーだ。

さらに、第2章で述べたように、株価や為替の相場の動きは、実体経済とは関連せず、経済学の理論どおりなどにはいかない。単にモノの売り買いを考えても、人は経済合理性に合わない売り買いを日常的に繰り返している。

2011年4月、オバマ政権での国家経済会議委員長を辞任した際、ローレンス・サマーズ氏は、「今回の危機（リーマンショック後の世界同時不況）によりマクロ経済学と金融理論が経済の現実と乖離しているか」と問われ、こう答えている。

「第2次世界大戦後、正統派経済理論の『膨大な体系』が構築されてきたが、危機対応についてはまるで役に立たなかった」

では、私たちはどうやって、経済報道の〝洗脳〟から逃れたらいいのだろうか？

本書中でも述べたが、経済記事の場合、紋切り型の文章が多い場合はなにも語っていないと思っていい。その典型が「成り注」原稿である。「成り行きが注目される」「と期待される」「と見る向きもある」「と言われる」などで終わっている記事は、すべて信用できないと思っていい。

さらに、株価や為替などの動向を、実体経済の動きや指標によって語る記事や評論家の予測を信じてはいけない。

また、いくら正しい統計や数値が挙げられていても、その背景が語られていない記事は信用できない。これを見破るには、『統計でウソをつく法―数式を使わない統計学入門』(ダレル・ハフ・著、高木秀玄・訳、講談社ブルーバックス、1968)を読まれることをおすすめしたい。もう半世紀も前の本で例としてあげられている統計は古いものの、現代でも通じる真理が述べられている。要するに数字はウソをつかないが、扱う人がウソをつく。

著者ダレル・ハフは統計のウソを見破るカギとして次の5つを挙げている。

(1) 誰がそう言っているのか? 統計の出所はどこか?
(2) どういう方法でわかったのか? 調査方法を疑え!
(3) 足りないデータはないか? 隠されている資料がある可能性もある。
(4) 言っていることが違ってはいないか? 問題はすり替えられていないか?
(5) その統計そのものに意味があるのか?

アベノミクスは政府によって勝手に「第2ステージ」入りしてしまったが、政府とメディアの〝印象操作〟は今後も続くだろう。それによって、日本経済はますます自由度を失い、日本の社会主義国家化は進む。ここから逃れる道はもうほとんど閉ざされてきたが、まだまだ個人でできることはある。

2016年1月

山田　順

著者プロフィール

山田　順（やまだ じゅん）

ジャーナリスト、作家、出版プロデユーサー。
1952年、神奈川県横浜市生まれ。立教大学卒業後、1976年光文社入社。『女性自身』編集部、『カッパブックス』編集部を経て、2002年『光文社 ペーパーバックス』を創刊し編集長を務める。2010年からフリーランスとなり、主に経済・ビジネスの分野で、取材・執筆活動を展開中。主な著書に『出版大崩壊』（2011文春新書）、『資産フライト』（2011 文春新書）、『本当は怖いソーシャルメディア』（2012 小学館新書）、『中国の夢は100年たっても実現しない』（2014 PHP研究所）、『日本が2度勝っていた大東亜・太平洋戦争』（2014ヒカルランド）。翻訳書に『ロシアン・ゴットファーザー』（1992リム出版）。近著に『永久円安』（2015 ビジネス社）、『円安亡国』（2015 文春新書）がある。

個人HP：http://www.junpay.sakura.ne.jp/

メルマガ：http://foomii.com/00065）

嘘だらけの経済報道　アベノミクスに騙されるな！

2016年１月30日　初版第１刷発行

著　者　山田　順
発行者　瓜谷 綱延
発行所　株式会社文芸社
〒160-0022 東京都新宿区新宿１－10－１
電話 03-5369-3060（編集）
03-5369-2299（販売）

印刷所　図書印刷株式会社

ISBN978-4-286-17345-0